新时代
行政法治建设研究

田琳琳 著

XINSHIDAI XINGZHENG FAZHI JIANSHE YANJIU

图书在版编目（CIP）数据

新时代行政法治建设研究/田琳琳著.—北京：经济管理出版社，2020.1
ISBN 978-7-5096-7027-9

Ⅰ.①新… Ⅱ.①田… Ⅲ.①行政法—研究—中国 Ⅳ.① D922.104

中国版本图书馆 CIP 数据核字（2020）第 022087 号

组稿编辑：高　娅
责任编辑：高　娅
责任印制：黄章平
责任校对：陈晓霞

出版发行：经济管理出版社
　　　　　（北京市海淀区北蜂窝 8 号中雅大厦 A 座 11 层　100038）
网　　址：www.E-mp.com.cn
电　　话：（010）51915602
印　　刷：北京玺诚印务有限公司
经　　销：新华书店
开　　本：710mm×1000mm/16
印　　张：10.75
字　　数：148 千字
版　　次：2020 年 3 月第 1 版　2020 年 3 月第 1 次印刷
书　　号：ISBN 978-7-5096-7027-9
定　　价：68.00 元

·版权所有　翻印必究·
凡购本社图书，如有印装错误，由本社读者服务部负责调换。
联系地址：北京阜外月坛北小街 2 号
电　　话：（010）68022974　邮编：100836

前言
PREFACE

党的十九大报告中明确指出,要建设法治政府,推进依法行政,严格规范公正文明执法。《政府工作报告》中,许多法治关键词折射出法治政府建设的坚实步伐。党的十八届四中全会通过的《中共中央关于全面推进依法治国若干重大问题的决定》(以下简称《决定》)明确提出,要"深入推进依法行政,加快建设法治政府"。在关于《决定》的说明中,习近平总书记强调,"各级政府必须坚持在党的领导下,在法治轨道上开展工作,加快建设职能科学,权责法定,执法严明,公开公正、廉洁高效、守法诚信的法治政府"。

治理一个国家、一个社会,关键是立规矩、讲规矩、守规矩。法律是治国理政最大、最重要的规矩。现代国家最常见、最普遍、最复杂的活动是行政活动,政府是法律实施的重要主体,中国要全面建成小康社会,就必须依法行政,这是依法治国基本方略的重要内容,更是依法治国的关键。依法行政是指行政机关必须根据法律法规的规定设立,并依法取得和行使其行政权力,对其行政行为的后果承担相应责任的原则。依法行政也是市场经济体制条件下对政府活动的要求,是政治、经济及法治建设本身发展到一定阶段的必然要求。

党的十九届三中全会第一次把建设"职责明确、依法行政的政府治理体系"作为深化党和国家机构改革的目标之一，做出了全面部署，提出了具体要求，为进一步优化政府机构设置和职能配置、加快转变政府职能、深化行政体制改革指明了方向、明确了任务。建设职责明确、依法行政的政府治理体系，是我们党全面总结新中国成立后特别是改革开放以来行政体制改革的成果经验，着眼于党和国家事业发展全局做出的重大决策部署，在中国特色社会主义进入新时代、我国社会主要矛盾发生深刻变化的时代背景下，具有十分重大的意义。依法治国是党领导人民、治理国家的基本方式，依法行政是各级政府的基本准则。在我国，各级政府作为国家权力机关的执行机关，是实施法律法规的重要主体，大多数法律、地方性法规和几乎所有的行政法规都是由各级行政机关执行的。建设职责明确、依法行政的政府治理体系，必须把依法行政摆在更加重要、更加突出的位置，加快建设法治政府，积极推进机构、职能、权限、程序、责任的法定化，把全部政府活动都纳入法治轨道。

编写本书的目的就是为了帮助广大读者，特别是国家行政机关、国家公务员对依法治国、依法行政、法治政府建设的主要问题能有一个系统的了解。如依法行政中行政立法的原则与基本程序、行政决策的方法与责任、行政许可的功能与基本制度、行政处罚与行政强制的热点问题、行政复议、行政诉讼、国家赔偿与完善行政问责的理论与实践应用等问题。本书除了从理论和实际论述依法行政及法治政府建设的一般问题外，还着重选择了行政活动中普遍适用的一般行政法。在编写过程中，坚持以党的十九大精神和习近平新时代中国特色社会主义思想为指导，坚持理论联系实际的原则，力求正确阐述依法行政与法治政府建设的基本理论与基本知识，既强调理论的正确性和系统性，又突出法律的实践性和应用性。由于笔者水平有限，本书的不足及错漏在所难免，恳请读者批评指正。

目 录
CONTENTS

CHAPTER 1 第一章 行政法治历史沿革 / 001

一、依法行政是政治文明发展的重要标志 / 001

二、行政法治是实现依法治国的必备条件 / 014

三、行政法治的基本要求 / 029

CHAPTER 2 第二章 新时代行政法治蕴藏的精神 / 036

一、新时代的蕴含 / 037

二、新时代行政法治精神 / 040

三、我国文化法律服务面临的挑战 / 045

四、充分发挥社会主义核心价值观在法治文化服务中的重要作用 / 048

CHAPTER 3 第三章 维护《宪法》权威 推进依法行政 / 053

一、《宪法》与改革进行良性互动 / 053

二、《宪法》和改革开放的相互关系 / 068

三、维护法治权威 加强《宪法》实施 / 071

四、提升运用《宪法》思维解决问题的能力 / 092

CHAPTER 4 第四章 完善行政立法 加强合宪性审查 / 100

一、加强合宪性审查工作的重大意义 / 101

二、推进合宪性审查工作面临的挑战 / 103

三、推进合宪性审查的对策建议 / 107

CHAPTER 5 第五章 坚持多措并举 加大行政诉讼调解范围 / 116

一、法律对行政诉讼调解的规定和司法实践 / 118

二、构建我国行政诉讼调解机制的必要性分析 / 122

三、构建我国行政诉讼调解机制的可行性分析 / 124

四、推进我国行政诉讼调解制度的理论思考 / 128

CHAPTER 6 第六章 行政诉讼案例分析 / 133

一、行政案件的基本情况及特点 / 133

二、被诉行政机关执法存在的问题及原因分析 / 137

三、推进依法行政、建设法治政府的对策建议 / 143

四、提升领导干部法治思维和法治方式 / 147

APPENDIX 附录 党政领导干部依法行政必备法律法规目录 / 156

第一章 行政法治历史沿革

一、依法行政是政治文明发展的重要标志

现代汉语中的"文明"一词是来自于英语"Civilization",而"Civilization"来源于拉丁语中的"市民"。意指人的开化状态以及与此相适应的社会历史发展阶段。这就是说,文明是相对于蒙昧状态和野蛮状态而言的。通常认为,文明是指脱离了蒙昧状态和野蛮状态的人类在改造自然和改造社会的过程中所创造的物质财富和精神财富的总和。与之对应,政治文明是指人类社会政治生活的进步状态,主要包括政治法律思想、政治法律制度、政治法律设施和政治法律行为等内容。可见,政治文明作为人类文明不可或缺的一部分,是一个不断发展的历史范畴。

(一)政治文明的概念溯源

"政治文明"概念最早出现于罗马法学中。罗马皇帝查士丁尼在其主持编纂的《法学阶梯》中以立法正义、司法正义、行政正义为

出发点和落脚点，规制了罗马法治国家建构的道路，并从法治国家意义上提出了"政治文明"概念。

19世纪80年代，马克思主义经典作家对政治文明概念做了专题研究。1844年，马克思在《关于现代国家的著作的计划草稿》当中，使用政治文明这一概念，与集权制作对比研究。从他简短的写作计划草稿中我们可以看到，政治文明涉及国家、政党、政治制度、宪法，以及人民主权、公共权力、立法权力、司法权力、执行权力等。后来，马克思在《政治经济学批判》序言中又指出人类文明的结构应分为物质文明、政治文明和精神文明三个部分。马克思、恩格斯和列宁的多本经典著作，如《共产主义原理》《共产党宣言》《政治经济学批判》《家庭、私有制和国家的起源》《国家与革命》《论国家》等著作，都蕴含着丰富的政治文明思想。[①]

到了20世80年代，在理论界对政治体制改革和民主法制建设进行热烈讨论的过程中，有人提出了政治文明的概念，并就政治文明的含义、内容、必要性和历史发展等方面做了阐述。例如，黑龙江大学哲学系教授张奎良先生在其所著《政治文明论》中就这样说过："历史和现实也表明，光有两个文明建设还不够，为了革除猖獗的社会弊端，推进社会主义社会的健康发展，必须在抓好物质文明建设和精神文明建设的同时，提出政治文明或制度文明的概念，努力建设高度的社会主义政治文明，实行'三个文明'一起抓。"党的十六大还将政治文明写进了党章。这样，20世纪80年代仅仅局限于理论界探讨的政治文明一词被正式写进了党的文件。

---

① 《马克思恩格斯选集》(第3卷)，人民出版社1972年版；《列宁全集》(第26卷)，人民出版社1986年版。

在政治文明形成、发展和完善的160多年时间里，时代赋予了它不同的内涵。对此，我国学术界有不同的认识，形成了诸多不同的观点，有代表性的主要有以下几种：

第一种观点是"进步说"。认为政治文明是整个社会文明的有机组成部分。政治进步的状态和成果就是政治文明，包括政治制度进步、政治获得进步、政治思想进步和政治管理技术进步等。政治进步的目标从比较抽象的意义上讲，是政治科学化、政治民主化、政治社会化、政治公开化和政治现代化。政治文明除政治制度的进步外，还包括其他非制度性的政治现象（如政治组织、政治活动、政治关系、政治心理、政治思想和道德以及管理技术等）的进步。[①]

第二种观点是"政治成果说"。认为人们改造社会所获得的政治成果便是政治文明，它一般表现为人们在一定的社会形态中关于民主、自由、平等、解放的实现程度。政治文明的内容包括国家制度、法律制度和民主制度等多方面。政治、法律、民主制度三者彼此联系、相互沟通、协调发展，构成政治文明的统一体。其中国家政治制度是政治文明的核心。[②]

第三种观点是"分类说"。认为政治文明分为广义的政治文明与狭义的政治文明。可以说狭义的政治文明概念同制度文明概念是重合的；广义的政治文明是包括政治制度文明、政治思想文明和政治活动文明在内的含义更加广泛的概念。[③]

第四种观点是"动态、静态说"。认为所谓政治文明，是指人类

[①] 冯举等：《社会主义政治文明》，西南财经学院出版社1990年版。
[②] 《中国大百科全书政治学卷》，中国大百科全书出版社1992年版。
[③] 刘李胜：《制度文明论》，中央党校出版社1998年版。

社会政治生活的进步状态。从静态的角度看，它是人类社会政治进程中取得的全部成果；从动态的角度看，它是人类社会政治进化发展的具体过程，政治文明包括政治意识文明、政治制度文明和政治行为文明三个组成部分，是由三个组成部分构成的有机整体。①

上述四种观点，既有共同之处，诸如政治文明是一种复合形式，即认为政治文明并非单一结构，蕴含着诸多要素，有丰富的内容；但它们又有差异性，强调的侧重点有所不同，有的集中于政治制度，有的集中于人类政治权力的实现和解放程度，如此等等。就分析的方法而言，有的观点侧重于制度分析法，有的运用动静观察法，有的从广义、狭义两个视角予以说明。不容否认的是，这些观点都有一定的合理性，为我们科学地界定政治文明的含义奠定了一定的理论基础，但同时我们要搞清楚以下三个问题：

第一，各个不同的国家所创造的政治文明是有区别的，整体上看，政治文明是人类共同智慧的结晶，是各种政治文明制度的结果。但是，不同国家在发展过程中形成的政治理念、政治制度都是互相区别的。典型的例子如英美体系的两大代表英国与美国的政治理念、政治制度就迥然而异。胡绳先生指出，"任何一个国家都有自己的文明史，从而构成各不相同的文化传统"。②

第二，政治文明虽然相互区别，但这并不意味着各国的政治文明不能相容。政治文明总是在不断地吸收他国先进的、合理的成分的基础上发展起来的。从历史上看，进步的社会变革所创建的政治文明或多或少都对其他国家的政治文明有着影响。例如，马克思在

---

① 虞崇胜：《浅议政治文明建设》，《武汉大学学报》2000年第1期。
② 胡绳：《中华文明史话·序》，《光明日报》1998年11月13日。

论述1648年英国革命和1789年法国革命时指出,"这两次革命不仅反映了它们本身发生的地区即英法两国的要求,而且在更大得多的程度上反映了当时整个世界的要求"。① 文明之所以成为文明,是因为文明是顺应历史潮流而生的,政治文明也应当是代表人类政治发展的方向,是人类共同追求的目标,具有普遍性和可借鉴性。

第三,政治文明的借鉴又有别于物质文明的借鉴。物质文明被人类有意识地创造之后,就会以固定的形式独立存在,其借鉴完全可以是原封不动的。但是政治文明是人类有意识的创造,在政治文明产生以后,还会依人类的意识而发生改变。对政治文明的借鉴过程中,借鉴的一方会进行有意识的选择,使所借鉴的政治文明对借鉴一方产生积极的作用。正如孟德斯鸠所说:"政体的性质是构成政体的东西,而政体的原则是使政体行动的东西,一个是政体本身的构造,一个是使政体运动的人类的情感。"②

综上所述,笔者认为政治文明概念应包括以下几点内容:第一,政治文明是人类文明整体中的重要组成部分,甚至可以说没有政治文明就没有人类文明。政治文明是人类政治的进化过程,从而揭示了政治文明逐步发展完善的总体趋势,不能绝对化地看待政治文明。第二,政治意识、制度文明和法治文明等只是政治文明的构成因素,不能代替政治文明。第三,政治文明与政治文化有较多的联系,但只有进步的政治文化才可称为政治文明。第四,政治文明是人类政治生活的进步状态,野蛮的、腐朽的、落后的政治生活和政治现象不是政治文明。第五,政治文明是一个整体,包括政治意识文明、

---

① 《马克思恩格斯选集》(第1卷),人民出版社1972年版。
② [法]孟德斯鸠:《论法的精神》,张雁深译,商务印书馆1961年版。

政治制度文明和政治行为文明,不能单纯地将政治意识文明或政治制度文明视为政治文明整体。第六,政治文明分为静态的进步成果和动态的进化过程两个层面,不能仅仅将政治文明视为过去的政治成果。政治文明既是进步的又是不断完善的,既是静态的又是动态的,既是整体的又是部分的,人类在政治领域的一切努力都不过是为了促进政治生活的文明化发展,只有能够真正促进人类政治生活进化发展的政治意识、政治制度和政治行为,才称得上是政治文明。

通过以上分析可知,政治文明的概念可以归纳为:政治文明是人类文明整体中的重要组成部分,是人类在脱离了蒙昧状态和野蛮状态的前提下,在改造自然和改造社会的过程中所取得的政治成果,并与社会生产力发展需要相适应的政治进步状态,包括政治意识、制度文明和法治文明等。但是,对于我国这样一个实行社会主义制度、有着特殊历史文化传统和特殊国情的大国来说,建设和发展政治文明应有自己的特色。在我国,党的领导、人民当家作主与社会主义法治的三者统一是本国政治特色的集中表现,是中国特色社会主义政治文明的三大支柱,它们共同组成中国特色社会主义政治文明的基本结构。

第一,坚持中国共产党的领导。政党执政是人类政治文明的产物,也是现代政治文明的产物。中国共产党是中国工人阶级的先锋队,是中国人民和中华民族的先锋队,是中国特色社会主义事业的领导核心,代表中国先进生产力的发展要求,代表中国先进文化的前进方向,代表中国最广大人民的根本利益,是社会主义现代化建设总揽全局的力量先锋,是社会主义政治文明建设的强有力的推动者。

第二,坚持人民当家作主。我国《宪法》规定:"中华人民共和国的一切权力属于人民。"人民权力至高无上。人民当家作主是社会主义政治文明题中的应有之义,我国社会主义政治文明的核心在于社会主义民主,社会主义民主的核心在于人民当家作主。人民当家作主是社会主义民主政治的本质要求,体现了社会主义政治文明的根本属性。

第三,坚持社会主义法治。法治是相对于人治而言的。法治主张法律有至高无上的权威,崇尚理性,与民主密不可分。我国《宪法》规定:"中华人民共和国实行依法治国,建设社会主义法治国家。"依法治国是党领导人民治理国家的基本方略,是广大人民群众在党的领导下,依照《宪法》和法律规定,通过各种形式和途径,管理国家事务,管理经济文化事业,管理社会事务,把各项工作纳入法治的轨道,建立和健全与社会主义政治文明相适应的民主制度和程序,使社会主义民主制度化、法律化、程序化,并使这种法律、制度和程序不因领导人的改变而改变,不因领导人的看法和注意的改变而改变。因而,法治是社会主义政治文明的重要内容。

以上三个方面相辅相成,构成了我国社会主义政治文明的主要内容。其中,社会主义法治具有特殊的地位和功能。它不仅是社会主义政治文明的重要组成内容,而且也是社会主义政治文明的基础和保障。社会主义政治文明离不开法治,法治对于社会主义政治文明有着极其重要的作用。

(二)政治文明与法治的关系

政治文明建设中要求有法律制度的建设。政治以政治权力的运行为表现形式。政治权力要发挥作用,必须借助于一定的制度。因为权力的运作不能是随意的,如果没有适当的制度,政治权力的运行就会走向两个极端：要么政治权力无限制地行使下去，要么政治权力根本就因为制度的不合理而软弱无力。正如邓小平所指出的那样，"我们过去发生的各种错误，固然与某些领导人的思想、作风有关，但在组织制度、工作制度方面的问题更重要。这些方面的制度好可以使坏人无法任意横行，制度不好可以使好人无法充分做好事，甚至走向反面……领导制度、组织制度更带有根本性、全局性、稳定性和长期性"。①

法治则反映了人们追求自由、民主、平等的理想。这些理想的实现，最终依赖于在法治原则之下建立的各种法律制度，这些法律制度深入到社会生活的各个方面。由于这些合理的法律制度的建立，使政治权力不能滥用，也更好地解决了社会问题。具体而言，在法治原则的要求下，一国的法律制度应当在合理的范围内强有力地约束权力的行使，要求依法行政、要求公正司法等，此即为限制权力的滥用。依法治原则建立起来的各种诉讼制度，则是以一种非暴力的方式解决各种社会冲突，从而有效地解决各种社会问题。因此，法治建设在政治文明的建设中具有重要的地位，离开了法治，政治文明就是残缺的，其发展和进步以及完善更是不可能的。

所谓法治，即依法治国，就是"广大人民群众在党的领导下，依照《宪法》和法律规定，通过各种形式和途径管理国家事务，管理经济文化事业，管理社会事务，保证国家各项工作都依法进行，逐步实现社会主义民主的制度化、法律化"。这一定义表明，我们所实施的依法治国基本方略与建设社会主义政治文明的本质及价值理念是完全一致的。

---

① 《邓小平文选》(第2卷)，人民出版社1994年版。

依法治国的主体是"民"而不是"官"。这是社会主义依法治国的本质特征，也是社会主义政治文明的必然要求。依法治国是人民群众依法治理国家，而不是别的什么人或者机构依法治民。法，是人民治理国家的工具，而绝不是什么"防民之具"。否则，法治就会成为地地道道的人治。

依法治国的客体，是"国"而不是其他。这里的"国"，首要的是指国家机器、国家权力，即依法治权、治官。历史表明，权力总是具有腐蚀性、诱惑性。依法治国的实质，就是用法律治理或控制国家权力，使权力运行规范化、理性化、程序化，防止权力滥用导致对公民基本人权和自由的侵犯，借以实现社会的稳定和国家的长治久安。

依法治国的依据，是国家的《宪法》和法律。依据《宪法》和法律而不是领导人的意志治理国家，这是依法治国本身的需要，也是建设社会主义政治文明的根本要求。在我国，《宪法》和法律集中代表了人民的根本利益，体现了人民民主和社会主义原则。尊重《宪法》和法律，唯《宪法》和法律的规定治国，实际上就是维护人民的利益，实现人民的意志。有法不依、执法不严、违法不究以及以言代法、以权压法、以权枉法等行为都是同依法治国背道而驰的，是政治不文明的体现。胡锦涛指出："在整个改革开放和社会主义现代化的进程中，我们都必须坚持依法治国的基本方略。"这深刻地表明，实行依法治国基本方略，绝不是一时的权宜之计，而是建设社会主义政治文明的基本要求和战略选择。历史的经验教训和社会主义政治文明建设的实践充分证明，要巩固和发展民主团结、生动活泼、安定和谐的政治局面，没有完备的法制，不实行依法治国是不可能的。

第一,法治是政治文明的产物。人类社会有其漫长的发展过程,先后经历了蒙昧时代、野蛮时代、文明时代,法是人类社会由野蛮时代发展到文明时代的必然产物。然而,有法并不一定有法治,在专制制度下也有法,甚至有相当完备的法律制度,但当时,法是"治之端""治之具",而非"治之本",并不存在法的统治,因为专制是政治落后的表现,而法治却是政治文明的产物。法治是政治文明的产物,随着政治文明的产生而产生,随着政治文明的进步而发展。有学者认为:"法治之源在希腊。"[①]

古希腊之所以成为法治之源,一个重要原因就是城邦文明的诞生和繁荣带给它的政治文明。例如,在伯克利时代的雅典,民主成为最重要的政治生活方式,法律成为社会普遍的生活准则,政治环境宽松,整个城邦呈现出一片自由和谐的景象。正是在这种背景下,法治受到崇拜,法律的至上地位得到认同。但是,奴隶社会毕竟属于等级特权社会,奴隶只是被当作会说话的工具,因此,古希腊的法治有其局限性,还不是真正意义上的法治。而在"上帝主宰受命于教皇"的封建社会,甚至连奴隶社会的朴素法治也在走向衰微。真正意义上的法治是伴随近代资产阶级政治文明的产生而产生的,是作为资产阶级政治文明的组成部分出现的。随着社会主义制度的诞生,社会主义政治文明的产生和发展,使法治与社会主义制度相结合,成为社会主义政治文明的重要内容。

第二,法治是政治文明的根本保障。法治和德治是人们用来保障政治文明的方法和手段。但是法治所具有的刚性使它优于德治,

[①] 金太军:《论政治文明建设的中国特色》,《中国政治》2003年第12期。

成为政治文明的强有力保障。众所周知,国家可以利用自己掌握的各种宣传工具通过表扬和肯定政府官员合乎道德的政治行为,限制与谴责政府官员不道德的政治行为,形成一种舆论导向和精神力量,但这种限制和谴责并不以国家机关作后盾,不具有国家强制力。同样,德治也有惩罚,但是这种惩罚主要依靠自责、内疚、忏悔等发挥作用。所以,德治具有柔性,只能起劝诫作用,对一些没有"良心"的政府官员,并不能发挥有效作用,不足以惩戒、威慑、杜绝野蛮和落后的政治行为。相反,法治具有刚性。法律是由国家机关制定认可并由国家机关强制执行的、肯定的、明确的、普遍的规范,对文明政治行为的肯定和对不文明政治行为的惩罚都以国家强制机关作为后盾,具有国家强制力,因而法治是防止不文明政治行为,形成文明政治行为的根本保障。所以,法治和政治密不可分,法治之于政治文明,如同道德之于精神文明。法治作为政治文明的重要组成内容,不仅是政治文明丰富内涵的集中体现,而且也是承载政治文明成果的显著标志。一个国家的法治状况,直接体现了该国政治文明的程度和水平。现代政治文明离不开法治,中国的政治文明更需呼唤法治,政治法治化是实现中国特色社会主义政治文明的必由之路。

第三,法治是政治文明的基石。康德说过:"大自然迫使人类去加以解决的最大问题,就是建立一个普遍法治的公平社会……因为唯有通过这一任务的解决和实现,大自然才能成就她对我们人类的其他的目标。"[①] 就政治文明建设的目标而言,其主要包括保障人权、发展民主、进行制度创新、发挥权力的积极效应、防止权力滥用等。

---

① 金太军:《论政治文明建设的中国特色》,《中国政治》2003年第12期。

所有这些目标的实现,都离不开法治。如果将政治文明比作一座大厦,那么法治就是这座大厦的基石。具体地说,只有在法治得到尊重时,民主的发展才是健康的、持久的。专制的出现并不在于权力掌握在一人、少数人还是多数人手里,而是取决于权力行使者的活动是否得到事先公布的、可预测的法律的制约。法治意味着主权者必须按照正当、合法的原则来行使权力,这样,它既可以保护多数人的民主权利,又能保证少数人的权利免遭多数人的侵犯。所以,民主离开法治,便不复存在,专制和无政府主义必然滋生,同样,人权离开法治,人的价值必然被鄙视,人的权利必然遭践踏,权力离开法治,权力得不到有效的制约,必然被滥用,公民权利必然被侵害,政治稳定必遭破坏。

第四,法治是政治文明的集中体现和显著标志。法治不只是有《宪法》和法律规定,也不仅仅是依法办事,而是一种政治文化成果,是政治文明的集中体现。法治的模式因不同时代、不同民族而有所不同,但一般具有以下共同特征:①以民主政治为前提,与民主共和相贯通,保障人权,反对专制和暴政。卢梭曾说过:"凡是实行法治的国家——无论其形式如何——我们都称之为共和国,因为唯有在这里才是公共利益在统治着,公共事务才是作数的。"②法律具有至高无上的权威,在国家和社会生活中起着主导性的调整作用。正如一些学者所说:"在专制政府中,国王便是法律,同样的,在自由国家中,法律便是国王。"[①]③坚持法律面前人人平等,法律应该无差别适用,反对各种形式的特权。④实行权力制约,要求政府和官员的行为与法律保持一致,禁止滥用权力,滥用权力必须受到追究。⑤坚持权

[①] 金太军:《论政治文明建设的中国特色》,《中国政治》2003年第12期。

利本位，在权利和义务的辩证统一关系中，权利是最基本的。可见，法治与政治文明相契合，它集中体现了人类追求政治民主、社会正义，保障公民权利所取得的成就，反映了人类在构建有序化的社会组织和社会秩序的目标下追求自由、平等的共同要求，是进步、健康、和平、宽容的政治生活的显著标志。

第五，建设社会主义政治文明必将推动依法治国得到全面落实。建设社会主义政治文明是一项非常宏伟巨大的系统工程，它涉及政治观念、政治制度、政治过程等政治领域方方面面的转型和创新。依法治国是建设社会主义政治文明的重要组成部分。建设社会主义政治文明，将推动中国从形式法治到实质法治的根本性转变。一般认为，法治包含两层意义，即形式意义的法治和实质意义的法治。形式意义的法治，强调依法治理、依法而治。若从这个意义考察，则古今中外的一切国家，多多少少都可以说是实行法治的国家。实质意义的法治，则不仅仅是依法治理、依法而治，更主要的是建立在民主基础之上的法治国家。法治和民主作为现代政治文明的两项核心标志，二者相互依存、不可分割。民主需要法治，因为没有法治，民主就不能巩固；但法治更需要民主，因为没有民主，法治就要落空。建设社会主义政治文明，就是要建立民主与法治相统一的国家，即实质意义的法治国家。全面落实依法治国基本方略，不仅意味着法律制度将得到全面的遵守，而且意味着法律原则、法律精神、法律价值等法的"内核"将得到全面的体现。这正是从形式法治转向实质法治的根本要求。总之，建设社会主义政治文明的提出，将对依法治国基本方略的全面落实产生重大而深远的影响，将使法治运行的各个方面、各个环节进一步向政治文明的方向发展，即向理性、科学、民主的方向发展。

二、行政法治是实现依法治国的必备条件

行政法治原则,又叫作依法行政原则,它是指各级行政机关在行使国家公权力、管理国家各项事务过程中要依据相关法律、法规规定。行政法治原则是现代法治国家在行使行政全过程中普遍遵守和奉行的基本原则,这一原则的确立是非常不容易的。

(一)传统中缺乏现代行政法治的因子

在我国特别漫长的封建社会中,形成了一个以入世、忠君、爱国为主流,"家国同构"为框架,依照身份等级享有和实现权利的制度传统。现代法治强调政府的目的在于保障个人基本权利和自由的实现,出发点在于个人主义;而我国传统强调政府的目的在于对臣民的统治和管理,出发点在于王朝的秩序和稳定。现代法治强调通过立法管理社会,法律面前人人平等;而我国传统主张君主实行"南面"之术,巧妙运用"权势术"以巩固王朝统治。

(二)近代屈辱史给法治烙上了太深的急功近利的政治烙印

近代以来,在西方列强炮舰的威逼下,我国逐渐沦为西方列强

的殖民地和半殖民地，救亡图存成为中国人民的首要使命。为了民族解放，多少仁人志士前仆后继地革命、改良，急欲短期收到救亡图存之实效；为了民族复兴，多少志士仁人呕心沥血地改革、试验，力求早日实现民族振兴。任何举动都闪烁着雪耻的渴望。政治成功成为近代中国人民的首选。目的就是一切。任何可能导致政治成功的都被吸收为"器"，但"器"背后的"道"却被忽略了。法治作为治国方略首先是作为政治手段而发现，被解读为"治法"而存在。能够为政府政策目标提供支持的法律被无限夸张，法治蕴含的对个人基本权利和自由的终极关怀和对政府权力滥用的制约的精神则被抛弃。

在这样的社会背景下，诸多仁人志士在法治探索的道路上付出了艰辛的努力，这里介绍两位在中国法治探索进程中的代表人物，一位是汤寿潜，另一位是伍廷芳。[1]

汤寿潜，1855年生，浙江仁和天乐乡（今萧山县进化镇）人，原名汤震，字蛰仙。1890年，他怀着匡世救民，改变中国积弱受侮局面的想法，首倡变法，同年，出版其巨著《危言》一书，洋洋50万字巨著使朝野为之震动，因而，汤寿潜被称为"华夏第一位资产阶级维新思想家"。1917年6月6日，汤寿潜病逝,享年61岁。[2] 汤寿潜一生著述颇丰，留有《危言》50卷、《奏准商办全浙铁路》、《尔雅小辨》20卷、《理财百策》2卷、《说文贯》2卷、《文集》多卷、《三通考辑要》多卷。在汤寿潜一生的理论贡献中，他的宪政思想虽然不是最光辉瞩目的，但是却为我国的宪政之路留下了丰

---

[1] 两个人物介绍节选自笔者撰写并发表的两篇文章：《浅论汤寿潜的宪政思想》，《理论界》2004年第4期；《浅论伍廷芳的法治思想》，《理论界》2004年第4、第5期。

[2] 章开沅：《对辛亥革命的反思之一—论汤寿潜现象》，《浙江社会科学》2001年第6期。

富的遗产。

汤寿潜的法治思想主要有以下几个方面：

（1）首倡变法，主张立宪。1906年，刚届而立之年的汤寿潜开始投入社会运动，这时正是洋务运动发展的阶段，他逐渐感悟到，只有学习西方发展实业才是振兴中国的唯一出路。但是，汤寿潜并不完全同意洋务派的作为，他通过观察比较，发现只有改革弊端，建立西方式的议会制度，才是富国强兵的根本所在。而且，他的这些变法主张在《危言》之中也有所体现，主张要学习西方的政治制度，改革弊政，仿行西方议院制，并根据中国具体的情况予以变通。后来甲午战败，使他在《危言》一书中的预测不幸成为现实。这时康有为在北京发动"公车上书"，成立强学会，酝酿已久的变法思潮成为声势浩大的爱国运动，时事的刺激使汤寿潜决定投身于变法救亡斗争之中。

1901年9月，为了给立宪运动以理论上的阐释，汤寿潜写出了著名的《宪法古议》一书，集中论述了他的立宪思想。他在该书中明确了"元首的权力是不可侵犯的"；议院是立法机关；法院独立；国民有参政、议政的权力。由此可见，汤寿潜对西方议会制已经有了较深刻的理解，他已认识到议会制的实质在于"三权分立"，这较其在《危言》中的思想已经有了很大的进步，逐渐走向成熟。后来，汤寿潜提议要清廷派重臣出洋考察，后虽几经周折，清廷终于派出了以载泽为首的五大臣分赴东、西方实行宪政的国家进行了历时半年的考察。五大臣出洋考察是中国近代史上的一件大事，此事有力地推动了立宪运动的发展。1906年8月29日，朝中大臣上殿奏请行宪政，慈禧太后为形势所迫，于1906年9月1日颁发"仿行宪政"谕旨，汤寿潜赞成清廷立宪，于是出面联络寓沪绅商于1906年12月16日在上海愚园路成立中国第一个立宪派团体"预备立宪公会"，郑孝胥当选为会长，汤寿潜与张謇当选为副会长。各省在汤寿潜的影响下，纷纷成立立宪团体，开展广泛的立宪宣传，从思想上做好准备。1908年，汤寿潜认为立宪时机已经成熟，则率领各省立宪代表赴京，向都察院呈递召开国会的请愿书，在立宪派强大势力的压迫下，慈禧太后被迫接受立宪派条件，于1908年9月2日宣布立宪预备，以宣统八年为限。至此，汤寿潜首倡并参与的立宪运动取得了阶段性的胜利。

（2）收回路权，维护主权。1904年，全浙铁路总公司成立。1905年8月，清政府授汤寿潜四品京衔，总理全浙铁路事宜。汤寿潜主持设计修建了苏、杭、甬铁路浙江段300里铁路，全浙铁路以全国最快的速度建成，而且经费节省也在全国之首，全赖汤寿潜调度有方及率先节俭所致。1907年10月20日，清廷外务部与英人商订《苏杭甬铁路借款详细章程》，当即遭到汤寿潜的反对，并呈文两江总督端方，反对借款。1907年11月4日，在浙江绅商的支持下，汤寿潜代表浙商公呈都察院入奏，坚决拒绝苏杭甬铁路向英借款，以保中国路权，并以"款已足，无待借，路已成，岂肯押"为由，反对清政府的卖路行径，他还以辞职抗议政府用盛宣怀及汪大燮。在汤寿潜的领导下，江、浙、皖三省掀起轰轰烈烈的收回路权运动，并纷纷成立"保路会"，清政府在保路权运动的打击下，终于在1911年宣布废约。汤寿潜在领导争路权运动的过程中，再次为满清政府不能保护国家主权的昏庸无能而失望，他进一步认识到必须实行君主立宪，国家的权益才能够得到保障。

（3）主张民主，倡导民权。1910年，在全国立宪派的压力下，清廷在预备立宪中设置咨议机构咨政院行开院礼。1911年5月8日，责任内阁成立，13名正副总理、内阁大臣中，竟有9人为满族，7人是皇族，称"皇族内阁"。汤寿潜闻之，拍案而起，致电摄政王载沣，要求改组内阁，要求重用"汉大臣之有学问阅历者"，再次遭到拒绝。汤寿潜认为，立宪要让民众参政，这样才能体现人民的力量。汤寿潜在《代拟浙人国会请愿书》中写道："海通以来，十数强国鹰瞵虎视，其所以驯至富强者，所有政体无一不归墟于立宪，收效于国会。"他呼吁给人民以参政的权力，他说："予人民参政之权，有参政权而后有责任""朝廷独负责任而受列强之凌辱，自不如以权力假之于民，而今天下同负责任之愈矣"，这时汤寿潜的民权思想有了长足发展。

（4）由主张立宪转向拥护共和。1911年，黄花岗起义、保路运动、武昌起义，这些历史性的革命活动，最终汇成了辛亥革命的风云。经过晚清近十年来的千曲万折之后，历史在改良、革命和清廷的自我挽救之间做出抉择，最终选择走向共和之路，随之，汤寿潜也顺应时势，完成了由主张立宪到拥护共和的思想转变。汤寿潜的这一转变不是一时的想法，而是有其深刻的思想根源和现实根源，主要是由以下几个方面原因促成的：

一是出于对清政府压制争夺路权活动并对其予以罢官夺权的愤慨，尤其是对满清朝廷假意立宪的失望。在几次革命之后，中国近代立宪主张经过频繁的力推，也没有形成真正的立宪制度，并建立相应的立法体制，而且最终并没有使当时中国国内受列强欺凌的形势有所好转。清政府反复强调立宪，是被近代高涨的革命情绪所惊吓，为了维持其摇摇欲坠的统治，为了缓解各国列强压制下民众愈演愈烈的反抗斗争，不得已而为之。经过最初的激情，一次又一次的失望，使汤寿潜在对清政府的腐败与无能痛斥的同时，也最终了解到清政府的立宪不过是一种骗局，转而赞成共和。

二是出于对袁世凯的不信任。戊戌变法之后，汤寿潜对袁世凯的狡诈就已经有所认识，就任都督之职后，他在致孙中山及临时政府电文中，列举了袁世凯的种种劣迹，并对其进行了猛烈的抨击。所以，在袁世凯代表清廷及临时政府与革命党人进行谈判时，汤寿潜便坚定地站在了革命派的一边。

三是革命形势的推动与辛亥革命以后，民主气氛的空前活跃。1911年11月5日，杭州光复。革命派推举汤寿潜做浙江都督，汤寿潜起初没有同意。就在这时，杭州城里出现了军民与旗营严重对峙的局面，杭州旗营的头目桂林思想明智，而且与汤寿潜过从甚密，他表示，汤寿潜当了都督，无不从命。汤寿潜为使杭州民众免受战火之苦，而不得不就任了浙江都督之职，走上了拥护共和的道路。同时，南京临时政府根据资产阶级"自由平等""天赋人权"的原则，宣布人民享有选举、参政、言论、机会等权利，颁布了保护工商业的规章，废除了清代的苛捐杂税，奖励华侨在国内投资等，这所有的一切，无一不体现了民族资产阶级的利益和愿望，汤寿潜也由此受到鼓舞，更加拥护和支持共和的主张。

以上就是汤寿潜主要的法治思想，他是中国近代维新派的著名代表，又是清末江浙立宪派的领袖，是中国晚清维新派中唯一一位经历过戊戌变法和立宪运动的始终，并经历了辛亥革命的重要人物，在晚清近十年的一系列重大政治实践之中占有举足轻重的地位，在中国近代的历史风云变幻中产生过十分重要的影响。

汤寿潜的法治思想区别于其他的宪政人士，虽然他所接受的是传统教育，其使他的改革主张及立宪途径具有绅士特色，但同时他也深受西方法治思想的影响。汤寿潜了解西学又不为西学所俘虏，倡导引入西方先进的"三权分立"的制度，并提出要与中国近代实际相结合，以图发展强大。因此，他所倡导的法治具有其时代进步性和适应中国近代实际的现实性。

汤寿潜既与当时官场有着很深的交往，又与商界、文化界有着十分密切的联系。所以，他的一些政治主张和法治思想具有普遍性，兼顾了民族资产阶级的利益要求，同时也能够与当时先进的思想文化接轨。他利用官方的支持和商界、文化界的拥护施展着自己的政治抱负，他的大公无私、勇于奉献的精神也得到广大人民的爱戴。他所主张和倡导的思想，在中国当时的社会中有着难能可贵的广泛普及性，能够深入到社会生活的多个层面，这也是当时中国推行法治过程中所欠缺的。

汤寿潜的法治思想具有审时度势的特点。他是维新变法的首倡者，根据中国的现实，洞察天机，提出改良。从洋务运动的发展直到加入强学会这段时间是汤寿潜宪政思想的缘起。汤寿潜是立宪派的领袖，立宪派提倡君主立宪，主张保持君主，推行传统体制内政治改革，反对自上而下的暴力革命，唯恐因改革而引起社会的较大动荡与破坏。立宪派最害怕的就是革命，革命的星星之火却随之高涨，而且汤寿潜自己也成为革命盛情邀请的嘉宾。随着立宪运动的发展，满清政府的腐败使汤寿潜对朝廷由最初的满怀希望到不断的失望进而绝望，同时也从反面向他证明了这样一个道理，就是自上而下的改良在中国是行不通的，因为缺乏"人民"这一改良的土壤。最终，汤寿潜从主张君主立宪走向赞成民主共和，找到了他最后的，也是最好的政治归宿。这就证明了汤寿潜是具有历史的进步精神的一名真正的宪政思想家,是最具有远见的近代法学家之一。

汤寿潜的法治思想具有全面性,既有民主的主张,又有先进的人权的主张,如提出人民应该有参政议政的权利,同时他的思想还具有发展性,既有立宪的主张,提出要通过立宪来指导宪政的运作和开展,又有其进步性,根据时代的发展需要转而支持共和。汤寿潜的法治思想有其理论上的支持,同时也深入实际,他在实践之中摸索着救国的道路,摸索着法治的发展方式与方向。汤寿潜一生正直廉洁,孙中山也敬重他的人品,古人所说的"立德、立言、立行"三方面,他都有所建树。张謇说他"立名于当时,可式于后人",并不过誉。汤寿潜是中国近代的不可多得的杰出人才,他的立身、治学、行事,尤其是他的法治思想,作出了一个将古今中西文化中优秀成分有机结合的典范,为后人留下了宝贵的精神财富。

伍廷芳,本名叙,字文爵,号秩庸,后来改名为廷芳。祖籍广东新会,1842年7月30日出生于新加坡,年少时曾被绑票,逃脱后只身赴香港圣保罗学院求学,接受了六年的西式教育。1874年,自费留学英国,入伦敦学院攻读法学,获得了法学博士学位,后来又取得英国大律师资格,成为"国人得为外国律师"的"第一人"。辛亥革命爆发之后,伍廷芳在上海宣布赞成共和,致函给清廷,劝告清帝退位。在中国近代,律师出身的政治家,伍廷芳当是最成功的一位。1922年6月23日,不幸逝世。遗著有《伍秩庸先生公牍》。伍廷芳是清末民初杰出的政坛人物,著名的外交家、法学家,他的法治思想对我国建设社会主义法治国家提供了坚实的理论基础。

伍廷芳的法治思想主要有以下几个方面:

（1）主张实行"仁政"，改革法律制度。清朝的法律制度，尤其是刑律沿袭了中国封建社会刑律残酷野蛮的特点，伍廷芳认为虽然"此酷重之刑，固所以惩戒凶恶"，但"乃自用此法以来，凶恶者仍接踵于世，未见其少，则其效可睹矣"。他提出"化民之道固在政教，不在刑威也"，认为政府应"以仁政为先，推以之仁"，因为"自来讲刑法者，亦莫不谓裁之以义"。①伍廷芳提出要改革刑法，对刑律予以修订，效仿西方。他的请求是"对中国刑法法典进行修改并使之人道主义化"，以符合时代发展的要求，也能体现清政府"仁政"，因此，伍廷芳的请求得到清廷的认可，并且在新修订的《大清新刑律》中得到执行，这使中国封建社会中世纪野蛮刑法开始向近代资本主义类型的人道刑法过渡。伍廷芳在其中最大的贡献是在这部法律之中有了最早的罪刑法定原则的雏形，可谓我国刑法理论中的基石，而且必将闪耀千古。②清朝不但法律制度严酷，而且当时的审判方法也采用野蛮的刑讯，伍廷芳批判其带来的弊端，并提出要改革审判制度，加紧诉讼法编纂工作以明确审判方式。1907年初，《各级审判厅试办章程》颁布，它是晚清第一部具有近代诉讼性质的法律，接着，《法院编制法》《民事诉讼律草案》《大清刑事诉讼律》《大清刑事民事诉讼法》相继修订完成。这些法律中，有的虽然由于清政府的垮台而没有来得及实施，但是它们都有助于当时民众新的司法观念的形成。

1903年，当伍廷芳被任命为修律大臣、刑部右侍郎后，1903年，他首先指定了《钦定大清商律》，1904年1月由清廷予以颁布，该商

---

① 丁俊贤、喻作凤：《伍廷芳集》，中华书局1993年版。
② 邹鲁：《中国国民党史稿（六）》，中华书局1960年版。

律包括《商人通例》和《公司律》两部分。《公司律》颁行后,一些有关破产的纠纷逐渐增多,这其中包括一些投机者谎报破产以倒骗钱财的纠纷。这些纠纷案件成为当时各级官吏头疼的难题。为解决这个问题,保障受害人的合法权益,1906年,伍廷芳制定《破产律》,这部《破产律》"与人民有相关之义",是中国第一部破产法。[①] 伍廷芳修订或主张修订的这些法律,均反映了"仁政",是以保护当事人的合法权益、保护人权为主要内容的。而人权又是宪政的重要目的,也是宪法的基本内容之一。宪法对政府法律控制的最初也是最主要的目的就是更有效地保障公民的权利,但是对公民权利的保障并非写在纸上就完了,其赖以保障实现的机制就是宪政的运作。由此可见,伍廷芳对"仁政"的要求,是中国近代早期对人权的呼声,也体现了伍廷芳当时进行法治实践活动的特点。

(2)捍卫法制尊严,维护法律权威。南京临时政府时期,伍廷芳主要精力用于南北议和,但是他仍不忘于百忙之中强调建立法制系统的重要性。当南京临时政府没有精力制定所有的法律时,伍廷芳指出:"本部现拟就前清制定之民律草案、第一次刑律草案、刑事民事诉讼法、法院编制法、商律、破产律、违警律中,除第一次刑律草案,关于帝室之罪全章及关于内乱罪之死刑,碍难适用外,余皆由民国政府声明继续有效,以为临时适用法律,俾司法者有所根据。"伍廷芳在任段祺瑞内阁外交总长时,段祺瑞无视法律,并肆意践踏法律,伍廷芳对他的这一行为极其不满。当段祺瑞用武力强迫国会通过对德奥宣战时,伍廷芳为了维护法制,与其他

---

① 朱开云、龚春英:《浅析伍廷芳法制思想及其实践》,《思茅师范高等专科学校学报》2002年12月第18卷。

内阁成员一致向段祺瑞辞职。在手无寸铁的黎元洪决定解除段祺瑞总理职务时，伍廷芳毅然决定代理总理，部署总统对段祺瑞的解职令，以保全相应的法律手续。当段祺瑞、张勋指责解职令不合法时，伍廷芳引用《中华民国约法》中的相关条文和民国成立以来几届总理解职的实例，论证他所副署的解职令是合法有效的，并表白天下："廷芳素守法，后决不至有违法之事。"①伍廷芳捍卫法制尊严的行动，表现了他的宪政思想较之前期有了一定的发展。尊重法制、法律至上是法治的核心原则，法治是一种相对于人治的政治状态，它的关键是依照宪法和法律规范制约权力。宪政与法治二者之间有着密切的联系，二者密不可分。伍廷芳的这一主张是他所在时期的先进人物中具有时代代表性的，同时，从他拿起法律武器来维护法制尊严的行动中，也可以看出"依法治国"最初的模型，具有时代的进步意义。

（3）引用西方的"三权分立"，倡导维护司法独立。清朝的司法制度沿袭中国封建社会的传统与行政合二为一的制度，伍廷芳对此深恶痛绝。他在深刻总结历史经验的基础上，揭露这种行政司法不分所造成的弊害道："中国司法，向昧夫独立之一理，循两千余年之专制，举立法、司法、行法之鼎立三权操于一手，中央如是，各省亦如是，命令一出，视为定例，不闻有所谓决议通过者。承审权宜即为立法所操纵，提刑执法、生死机关，亦立法之一人所得操纵也。"②为革除这些弊端，伍廷芳认为唯一的办法就是实行司法独立，因为"视一国文明与否，顺视其司法能独立与否"。因此，

---

①② 丁俊贤、喻作凤：《伍廷芳集》，中华书局1993年版。

伍廷芳把司法独立看作"此治国之第一要图也"。在宪纲大旨七条中,他还特别指出:"审判官所断之案件,行政官不能过问。"民国初年,司法独立的原则虽然已经从法律上得以确立,但历经数千年封建传统的浸淫,以权代法、以权压法的事例屡屡发生。对这些干扰司法独立的行为,伍廷芳非常愤怒,为了维护法律的尊严,实现真正的司法独立,伍廷芳凭着一个法学家的理念和良知,同各种违法现象进行了坚决斗争。

伍廷芳的司法独立思想是建构在西方"三权分立"原则之上的,其主要内容有三点:

一是反对行政权干涉司法权。就中国实际来讲,中国的传统政治模式即"政""刑"之权集于一身,在价值形态上与现代司法独立精神背道而驰,而且其造成的结果就是在一定程度上助长了行政专横,妨碍了司法官依法审判,易导致司法腐败,侵害公众的合法权益。伍廷芳坚决主张司法独立,他认为作为一个文明国的重要标志,就是必须"视其司法独立与否"。

二是开办法律学堂。徒法不足以自行,要重视司法人才的培养。伍廷芳认为,要实现司法独立,就必须培养大批的司法人员,使他们具有司法独立的法观念、法意识,从而让其自觉地遵守和执行法律。为此,从清末到民初这段时间,伍廷芳主张开办法律学堂,广泛培养法律人才。

三是主张采用西方文明审判方式和原则。伍廷芳司法独立观点的可赏之处在于他不仅能够认识到司法独立本身的社会价值,他还进一步认识到司法独立是保障人民权利,特别是辩护权、诉讼权、公开审判权的一种重要手段。为此,就必须在司法独立审判中贯彻这些西方资产阶级的文明审判方式和原则。①由此可以说西方资产阶级的文明审判方式和原则是其司法独立思想中的精神内涵。

伍廷芳是中国近代史上著名的法学家，从获得英国律师资格到被清政府任命为修订法律大臣，再到任中华民国第一任司法总长，一直到去世，不仅他的法制思想为中国近代法制理论提供了丰富的营养，而且他在实践上也为中国近代法制化道路做出了重大贡献。

伍廷芳的法治思想通过其活动呈现出以下几个特点：

（1）1902年以前是伍廷芳法制思想的初步形成阶段。在这一阶段，伍廷芳法治思想和实践主要表现为介绍西方法律制度，宣传西方宪政思想，要求改革法制。综观伍廷芳的法治思想，其中西学明显多于中学，开放性强于封闭性。相比较而言，西方的法治思想即便是在欧洲中世纪最黑暗的那段时期，仍然有着长足的进步，这是因为西方的法治已经不再是一个用来讨论是否存在的问题，而是一个如何逐步完善或者说如何更好地满足时代的发展需要和人民的要求的问题。但是从伍廷芳的法治思想中可以看出，中国法治的实际情况处于刚刚启蒙的阶段，因此，呈现出的特点是一部分先进的法治代表人进行研究和探索，但是偌大一个中国想要改变几千年的封建专制，而且还要把代表人物的法制思想、宪政理论融入每一个国民的意识之中，仅仅靠一部分人是起不到实质作用的。虽然伍廷芳的法治思想和实践显示出向传统文化回归的一面，但是，伍廷芳实现了二者的飞跃，尤其是他的法治实践活动比他的理论观点更为可贵。

（2）从伍廷芳修订法律的实践活动中可以看出，在这段时期内，

---

① 丁俊贤、喻作凤：《伍廷芳集》，中华书局1993年版。

伍廷芳的法治思想显示出很大的进步。伍廷芳试图努力把他所受到影响的西方法律制度付诸他所修订的法令法规中，与同时代的人相比，他的法治思想不如严复的激进，要求"完全西化"；也不像沈家本那样"拘于旧例"。他力求将西方的法治理论同中国实际相结合，以推动中国法制近代化进程。由于客观历史条件的局限，伍廷芳的法治思想和实践之间还有一定的差距，但伍廷芳此时的法治思想对于中国法律思想的演变，对于否定封建专制制度的法制传统，有着极其重大的推动作用。他参与修订的一系列法律，揭开了中国近代立法史上的重要一页。

（3）伍廷芳的司法独立观走在了同时代人的前列，故被称为"值得景仰的司法界典型人物"。[①] 伍廷芳的司法独立思想是中国近代精神宝库中极其重要的一个组成部分。他经历了从改良主义到追求资产阶级民主主义革命，他的思想在这一过程之中也得到完善，这一时期是他宪政思想的成熟阶段。由于伍廷芳长期受到西方宪政文化的熏陶，因此，他的思想是当时与他同一时代的一般开明知识分子所不可比的，走得比他们要更远。他的司法独立思想来源于西方的"三权分立"思想，结合中国当时的司法实际情况提出的，这在当时的社会之中是具有时代进步意义的，反映了其对公正、有序的法制运行的向往，在一定程度上控制了当时司法内部权力运行的扩张性和腐蚀性，造就了其独特的法律救国的理念，司法独立和依法治国成为他追求的人生理想。将司法独立理念引入中国并付诸司法实践，推动了中国法制近代化的进程，而且也为西方法律吸收、移植等法

[①] 沈云龙：《近代政治人物论丛》，文海出版社1996年版。

律技术领域留下了宝贵的经验。伍廷芳坚定不移地传播和捍卫自由、民主思想。他在晚年的多种政治实践都表明了他的政治理念——建立一个公正、正义、尊法的法治国家。

总之,伍廷芳的法治思想具有很强的实践性,而且具有划时代的重要意义。他将西方先进的法治理论及实践成果融入中国当时的社会背景中,为当时寻找救国之路,为中国的励精图治输入了新鲜的血液,同时也为中国近代法制化道路奠定了重要的思想基础。

(三)生产力和市场经济的不发达影响行政法治的实现程度

政治的发展必须以市场经济的充分发展作为前提和基础,没有市场经济,就没有成熟的、定型化的民主政治,这是人类文明发展的一般规律。公有制的建立,为社会主义民主政治的高度发展开辟了道路,但这并不等于社会主义政治文明的高度实现。我国生产力发展的低水平、不平衡、多层次,决定了整个社会还缺乏发达的社会主义政治文明所需要的雄厚的物质基础,决定了广大人民群众还必须用更多的时间和精力去从事发展生产力的活动,而没有更多的时间和精力去直接从事管理国家的活动。正如马克思所指出的那样:"人们为了能够'创造历史',必须能够生活。但是为了生活,首先就需要吃喝住穿以及其他一些东西。因此第一个历史活动就是生产满足这些需要的资料,即生产物质生活本身。"①

---

① 马克思、恩格斯:《德意志意识形态》,载《马克思恩格斯选集》(第1卷),人民出版社1995年版。

三、行政法治的基本要求

（一）完善人民代表大会制度，是发展和实现行政法治的首要任务

我国的人民代表大会制度实践经验向我们证明了一个真理：人民代表大会制度是适应中国国情的社会主义民主政治制度，是中国人民当家作主最好的组织形式和制度保障。但是，由于历史传统等各种因素的影响，我国的人民代表大会制度还有待不断完善，人民代表大会制度的优越性还需要得到更充分的发挥。因此，从行政法治发展的客观要求来看，我国建设高度的社会主义行政法治的首要任务，就是要进一步加强和完善人民代表大会制度。我国的人民代表大会制度与西方国家的议会制度有着根本的区别，主要表现在以下几个方面：一是阶级基础不同。我国的人民代表大会制度是建立在社会主义公有制基础之上的，而西方国家的议会制度是建立在资本主义私有制基础之上的。二是在国家政治生活中的地位不同。西方国家的议会一般只拥有立法权，属于议事机关。而我国的人民代表大会则是国家权力机关，不仅拥有立法权，而且拥有重大事项决定权、人事任免权和监督权，是人民当家作主最有力的制度保障。三是国家机关之间的关系不同。西方国家奉行"三权分立"，国家机关相互独立、相互制约。这种体制有一定的合理性，权力相互制约，为的是避免权力的恣意妄为和腐败，但有其致命的弱点，即相互牵制，影响效率。我国则是在人民代表大会统一行使国家权力的前提

下,实行权力分工。也就是说,各级人民代表大会选举产生包括行政、审判、检察、监察在内的同级其他国家机关,而这些国家机关对本级人大负责并受其监督。我国的人民代表大会制度,既保障了人民统一行使国家权力,又注意到国家机关之间的分工合作和监督制约,是适应中国国情的民主政治组织形式。正如邓小平曾经指出的:人民代表大会这种体制"很有助于国家的兴旺发达,避免很多牵扯"。[①]当然,从性质上看,我国的人民代表大会也是一种代议民主制的组织形式,具有代议民主制的一般特征。例如,各级人民代表大会都是由经过民主选举产生的代表组成,人民代表大会代表是接受选民的委托,代表选民行使国家权力的,他们要对选民负责并要受选民的监督,如果代表不能很好地履行职责将可能被选民罢免,等等。

(二)加强和改善中国共产党的领导,是推进中国特色社会主义行政法治的关键

《宪法》总纲第一条明确规定:"中国共产党领导是中国特色社会主义最本质的特征。"它表明作为发展和实现社会主义行政法治的领导者,中国共产党要不断加强自身的执政能力建设。执政能力是执政党在执政过程中为实现自己的执政目标和所代表阶级的利益而实施其执政行为的各种能力之总和。它的建设不仅是时代和人民的要求,更是我们党政治成熟程度提高和推进社会主义政治文明的必然选择。为此,我们党就必须按照"立党为公、执政为民"的执政

[①] 《邓小平文选》(第3卷),人民出版社1993年版。

理念，以科学执政、民主执政和依法执政为着眼点来加强自身的执政能力，从而不断推进社会主义政治文明的发展进程。

党的执政地位是由人民选择、历史决定的，但也绝非坐享其成、一劳永逸的。面临复杂多变的国际、国内形势，党如何提高其执政能力这一现实性课题就凸显在了时代的前沿。加强执政能力建设是党的建设伟大工程中的一个事关全局的子系统工程，是遵循与把握人类社会发展规律、社会主义建设规律和党自身执政规律的内在要求。在社会主义的政治生活中，执政能力的高低是考量党的先进性和行政水平的根本标准，而党是否具有科学的执政思想与意识，是否把科学的理论资源运用于执政的实践则是决定其执政方式和行为的前提性因素，即加强党的执政能力建设，首要的问题就是要具备现代的执政理念、规范的执政道德和正确的执政价值导向，实现执政过程的科学化。对于党来说，执政本身就是一门科学，是理论与实践的统一、理念与行为的契合。列宁曾经指出："只有以先进理论为指南的党，才能实现先进战士的作用。"[①]无论是理念的生成还是实践活动的开展，都只有在科学理论的指导下才能达到合目的性与合规律性的效果。我们党向来具有与时俱进、勇于创新的理论特质和实践品格，实践的发展不仅带来了指导思想上的飞跃，而且也为党的政治认知、政治观念和政治意识朝着科学化、法治化方向的迈进提供了契机。

实行依法执政，至少应考虑三个方面：第一，树立依法执政的意识。在我国，《宪法》和法律把党的主张经过法定程序上升为国家意志，它们是党的主张、人民的意愿和国家意志的集中体现。维护《宪

---

① 虞崇胜：《政治文明论》，武汉大学出版社2003年版。

法》的权威是党必须遵守的一项基本原则。在一个法治社会中，如果执政党不遵守《宪法》，不承认《宪法》的权威，没有依法执政的意识，就会失去其存在的法律基础。因此，树立依法执政的意识，保证党的活动在《宪法》的控制之下，并无超越《宪法》的特权，是实现党依法执政的根本点。第二，要求党的执政活动本身法治化，即党对国家权力进行领导的内容、方式和程序要通过立法具体化、规范化，改变党与国家权力机关在重要权力上的重合或替代作用。在坚持党的领导的前提下，国家权力机关、行政机关、司法机关、监察机关对各自职权的独立行使，充分发挥其职能作用，进一步完善党的领导体制和工作机制，改进党的领导方式和执政方式。第三，以《宪法》和法律规范党的行为，使党的执政行为具有合宪性和合法性，即通过《宪法》和法律程序，将党对国家政权的领导纳入程序化、制度化和规范化的范畴，使其行为规范要有具体性和透明度，以便执行和监督，从而改变个别层面存在的不依《宪法》办事的不法状态。只有这样才能使党的领导的权威有法律保障，使党在《宪法》和法律的范围内活动，这是依法治国的应有之义，更是行政法治的必然要求。

（三）实现责任政府，是推进行政法治的应有之义

法治的本质是"民治"而不是"治民"，法治的关键是"治权"与"治吏"。实行行政法治，首要的是政府率先守法，依法用权。如果政府只视法为治民的工具，将自己凌驾于法之上或置身于法之外，则不是依法行政，而是借"法治"之名行"专制"之实。实现法治，推进政治文明，不仅要求公民守法，更应强调政府守法，实行"守法

的统治"。孔子言:"其身正,不令则行;其身不正,虽令不从。"在我国,法应是民意的体现,政府应是法律的产儿,其全部权力都来源于法律,其是否自觉守法,依法办事,绝不是个人的私事,而是关系到如何行使人民赋予它的权力,关系到良好社会风气的形成以及社会主义制度的巩固和发展。因此,作为一个法治的政府、一个责任政府,它应带头守法,依靠法的合理性制约政府的随意性,切实保障公民的权利和自由。在公民守法与政府守法之间,政府守法是矛盾的主要方面,强调政府守法比强调公民守法,其意义要重大、深远得多。只有政府具有较强的法律意识和法治观念,且能以身作则、率先垂范,自觉接受群众的监督,才能使遵纪守法在整个社会蔚然成风。这样,才能为社会主义法治和政治文明建设创造良好的社会环境。

(1) 责任政府必定是有限政府和有效政府的统一。关于"有限政府"和"有效政府"的讨论是目前行政学的热点。随着政府在公共事务中作用的增强和公民民主意识的提高,公民要求政府简化工作程序,提高工作效率,所以建构"有效政府"的呼声也越来越高。"有限政府"是针对"无限政府"而言的,"无限政府"是指一个在职能上和自身规模上都具有无限扩张特点的政府组织,它侵犯了公民的合法权利和自由空间,所以自由主义者提出要建立有限政府。"有效政府"是针对无效政府或低效政府而言的,通过对政府运作的社会成本和社会收益的比较,来确定政府是有效还是无效,虽然两者在产生的原因、价值、取向、建构主体上不尽相同,但两者的终极目标是一致的,就是实现政府活动的科学和高效,因此,两者是可以协调统一的。有限必须是有效下的有限,否则只会导致弱政府的产生,有效必须是有限下的有效,否则只能导致专制独裁政府的产生。

我们国家在建立责任政府时，必须把两者有机结合起来，单纯的某一种模式都是不合理的。

（2）责任政府必定是诚信的政府。子曰："人而无信,不知其可。"当前，诚信问题已经引起了各方面的广泛关注，政府的每一项政策、政府官员的言行举止都显示着政府的形象，关系到政府的信用，政府没有了信用，就失去了威信，就不能取信于民。要建立诚信政府，一方面是指政府的决策必须科学化、民主化、程序化，政策要保持一定的连续性、稳定性，不能朝令夕改，任意改动。当政策确实需要修订时，也必须考虑反馈的结果，结合具体的实际情况，做出科学合理的决策。如果政策经常改动，民众会觉得无所适从，政府如果出尔反尔，那就没有威信可言了。另一方面，政府部门及政府官员必须严格执行和遵守自己所做的决策，履行自己对社会民众的承诺，不能有超越政策外的特权，否则就不能让民众信服，政府的政策也不会得到很好的执行。

（3）责任政府要实现权力的监督制约。政府手中的公共权力是人民授予和委托的，因此，政府必须对人民负责，代表广大人民的利益和要求，但这仅仅是理论上的一种期望，政府也有自利性，政府的目标不一定总与人民的公共利益相一致，再说，政府行为是由公务员行为来体现的，公务员追求个人利益的情况就更加明显，因而很难保证公共权力为人民所用，权力和责任必须是对等的，否则就会导致权力的专横、滥用。孟德斯鸠认为："一切有权力的人都容易滥用权力,这是一条万古不易的经验。"[①] 所以必须对行政权力进行

---

① ［法］孟德斯鸠：《论法的精神（上册）》，商务印书馆1961年版。

制约，可以从以下几方面着手：首先，以法律制约行政权力。实行依法行政，法律是公意的体现，在法律的范围内行使权力是对人民负责任的行为，任何政府官员都不能有凌驾于法律之上的特权。要实现依法治国，很大程度上不是要求民众遵纪守法，而是要求政府依法行使自己的权力。其次，要加强监督。这一点已经达成共识，不监督的权力将会为所欲为。我国目前虽然已经建立了中国特色的监察体系，但在监督的过程中，充分发挥民众参与和新闻媒介的作用，尤其是建立责任追究机制方面，仍存在有待提升的空间。

（4）有限政府要求提高行政主体法治素养。行政行为最终是由行政主体体现的，行政主体的素质直接影响到责任政府的实现。素质包括两方面：一方面是指知识文化素质。随着信息时代和知识经济的到来，作为社会精英的行政主体必须不断补充知识，才能不被时代所淘汰，社会的不断发展、新情况的不断出现，给行政主体的执政能力和决策水平提出了新要求，此时，各方面的知识文化素质就显得尤为重要，比如了解法律政策，掌握市场经济的运行规则，转变政府职能，熟悉公共决策的规律，制定合理、科学、有效的政策，这些都是行政法治所要求的。另一方面是指道德素质，我们需要的行政主体是"德才兼备"的，如果说前面讲的是才，那么这里讲的就是德。道德约束是一种内化的约束，是自律的体现。现在越发强调行政伦理和政府的道德建设了，政府官员是单个的个体，他们肯定有自己的个人利益，追求合理的个人利益无可厚非，关键是不能以权谋私、贪污腐化，除了从法律和制度上约束行政权力外，提高政府官员的道德素质也不失为一个途径。

第二章　新时代行政法治蕴藏的精神

党的十九大报告中明确指出,要建设法治政府,推进依法行政,严格规范公正文明执法。习近平总书记在党的十八届四中全会《中共中央关于全面推进依法治国若干重大问题的决定》中明确指出:"全面推进依法治国,总目标是建设中国特色社会主义法治体系,建设社会主义法治国家。这就是,在中国共产党领导下,坚持中国特色社会主义制度,贯彻中国特色社会主义法治理论,形成完备的法律规范体系、高效的法治实施体系、严密的法治监督体系、有力的法治保障体系,形成完善的党内法规体系,坚持依法治国、依法执政、依法行政共同推进,坚持法治国家、法治政府、法治社会一体建设,实现科学立法、严格执法、公正司法、全民守法,促进国家治理体系和治理能力现代化。"① 建设职责明确、依法行政的政府治理体系,是我们党全面总结新中国成立后特别是改革开放以来行政体制改革的成果经验,着眼于党和国家事业发展全局做出的重大决策部署,当前我国社会主要矛盾已经发生深刻变化,中国特色社会主义正式跨入新时代,在这样的时代背景下,建设职责明确、依

---

① 节选自《中共中央关于全面推进依法治国若干重大问题的决定》。

法行政的政府治理体系具有十分重大的意义。而要推进法治政府建设，提升依法行政能力，首当其冲就是要准确把握时代脉络。

一、新时代的蕴含

（一）从世界发展来看，是走向法治的时代

全球化、世界一体化是当今世界发展最鲜明的特征，它不但强有力地影响着人类社会的生产方式、生活样式和生存状态，同时更在深刻地影响着人类社会以及不同国家的治理体系、治理方式和法律规则体系。在这样一个全球化的时代，要求我们每一个人都要树立全球意识、全球视野、全球眼光、全球思维，这样在我们面对和解决经济、政治、文化、社会、生态、教育、科技、军事、国防、外交等相关问题时，才会更加符合本国国情需求。

人类在这三四百年来，一个重要的历史走向，就是民主法治化。这三四百年来，资产阶级的成功，使资本主义世界逐步形成，资本主义的法治也日益形成发展，一直发展到今天。在资本主义法治发展的同时，世界上无产阶级革命发生了，革命在很多国家胜利了，又创造了社会主义法治。当然从社会发展阶段来说，社会主义法治一定是超越资本主义法治的。现在人类的资本主义法治和社会主义法治形成了一个法治的合流，一起向前发展，形成了民主法治化的滚滚潮流。环视各国都在适应全球化浪潮，大力开展民主政治建设，

发展市场经济,围绕发展,这些国家开始进行配套的法治国家建设,这种浪潮必然影响到中国。这就要求我们必须在全球化的国际背景和全球治理体系框架中来研究、解决新时代国家建设过程中遇到的一系列重大问题。统筹好国内法治和国际法治两个大局,主动参与全球法治,构建全球化时代的涉外法治体系、推进国际关系法治化、构建国际新秩序,为我们提出的中华民族伟大复兴创造更加良好的外部法治环境。

正如习近平总书记在中共中央政治局第27次集体学习讲话中所强调的:中国坚持走和平发展道路,同时也将推动各国共同坚持和平发展,推进全球治理规则的民主化、法治化,构建民主法治、公正合理、合作共赢的国际政治经济新秩序。

(二)从国内发展来看,是全面深化改革的时代

我国提出了"四个全面"的战略布局,依靠改革我国在国际社会赢得举足轻重的地位。但是随着改革的不断深入,我们也迎来了利益关系和权力格局调整的"深水区""硬骨头",都是躲不开、绕不过的难题。面对这些问题,我们应该怎么办呢?

习近平总书记给了我们答案,他说:"实践发展永无止境,改革开放也永无止境,停顿和倒退没有出路,改革开放只有进行时、没有完成时。解决我国发展面临的一系列突出矛盾和挑战,关键在于深化改革。"

纵观中国历史,每次重大的历史性的改革和民族的、国家的崛起都是伴随着"变法"而行的。以史为鉴可以知兴替。当前,全球

化国际环境正在发生深刻而重要的变化,我国在对内全面深化改革中也面临着诸多矛盾和挑战,亟待解决。正是在这样的新的历史起点,面对改革发展的新形势、新任务,我们必须有全面改革、深刻革命的思想准备,有勇于"变法"的大无畏的政治勇气和高超的政治智慧来不断推进改革走向深入。

因此,习近平总书记在党的十八届三中全会做出全面深化改革决定之时,就及时指明:"凡属重大改革要于法有据,有序进行。有的重要改革举措,需要得到法律授权的,要按法律程序进行。"在2015年省部级主要领导干部专题研讨班上,习近平总书记进一步就处理好改革与法治的关系做出深刻论述,指出:"改革和法治相辅相成、相伴而生。我国历史上的历次变法,都是改革和法治紧密结合,变旧法、立新法。我国改革进入了攻坚期和深水期,改革与法治的关系需要破解一些新难题,我们要坚持改革决策与立法决策相统一、相衔接,立法主动适应改革需要,积极发挥引导、推动、规范、保障改革的作用,做到重大改革要于法有据,改革与法治同步推进,增强改革的穿透力。"①

(三)从巩固党的执政地位来看,是建设法治型政党的时代

治国必先治党,一直是我们党坚持的重要原则。党的十八大以来,党的廉政建设和国家治理能力建设步伐明显加快,党内的各项建设,尤其是打击党内的一些不法分子,规范各级地方党组织的行为等

---

① 李林:《新时代坚定不移走中国特色社会主义法治道路》,《中国法学》2019年6月9日。

都急需依法运行。更重要的是，作为现代化政党，中国共产党应该如何治理国家、如何提高国家治理能力，这些都要求作为总书记的习近平做出有力的、及时的回应和诠释。正是在这种情况下，他对建设现代化的法治型政党提出了一系列新观点、新理念。就是在这样一个法治时代，习近平总书记走上了世界的政治舞台，围绕治国理政提出一整套新理念、新思想、新战略，习近平的法治思想也应运而生。

二、新时代行政法治精神

在新时代，行政法治逐渐朝着现代化方向发展，主体多元、广泛参与、全面给付、鼓励自治、柔性介入都是行政法治蕴藏的新精神。在这些新时代精神指引下，行政法治必将迎来更好的发展机遇，为健全社会法治建设做出更多贡献。

（一）行政法治主体多元精神

行政主体一直都是行政法的核心问题，传统行政法治始终围绕行政主体、行政相对人开展研究，认定行政法律关系只具有两元性，主体两元性也成为行政法律与刑事、民事法律的重要区别。但事实上，两元主体关系并不足以完全代表行政法治精神，行政主体、行政相对人并不能完全代表行政关系中的全部利害关系人，部分与行政法治相关的第三者合法权益仍无法得到有效保障。随着时代的不断发展，行政行为中的利害关系人权利意识崛起，想要通过行政诉讼谋取自身合法利益，希望更多地介入行政法律关系中，积极主动地维系自身合法权益。此时，传统的两元主体扩展至三元主体，更多的主体利益需要行政法治予以保障，主体多元精神也就成为行政法治新的时代精神。

从两元主体向三元主体过渡，为行政法治建设开启新的时代精神，多元主体的有效参与，不仅丰富了行政法治内容，也更有益于保护第三方合法权益，顺应了我国行政法治的发展方向。以政府行政部门与私人组织合作的PPP项目为例，PPP项目参与主体为行政部门和行政相对人，任何一方违反约定，不仅会给对方造成伤害，更会对社会公众利益造成损害。面对此种局面，传统的两元主体无法让社会公众介入行政法治中，只有构建三元主体，允许具有利害关系的社会公众参与其中，通过诉讼谋取自身的合法权益。可以看到，三方主体参与行政诉讼，已经打破了传统行政法治主体关系限制，让行政法律关系逐渐社会化，行政主体多元化无疑成为行政法治的新时代精神。

（二）行政法治广泛参与精神

一直以来，行政法治都属于公法范畴，与国家政治生活有着紧密联系，一般社会公众并不经常参与行政法治建设。但事实上，行政法治与社会公众的生活息息相关，我国是社会主义民主国家，不同于欧美等国的民主制度，我国始终主张协商民主制度，强调协商民主就必须全面、广泛地允许社会公众参与，树立起民主参与精神，鼓励社会公众献计献策，广泛听取社会公众意见。纵观行政法治的历史，相比其他法律体系建设，行政法治建设始终处于相对封闭的状态，行政法治开放程度、公众参与程度都受到限制，导致我国行政法治建设进程缓慢、革新力度不强。

党的十九大以来，行政法治建设特别强调要推动民主、广泛、多层、制度化发展，加强民主协商建设，形成健全的参与制度和参与程序，确保社会公众能够积极参与到行政法治建设之中，为我国行政法治建设做出贡献。当行政法治广泛参与精神得到重视，将有更多社会公众参与到行政执法、行政决策等行政活动中，通过汇聚建议、吸收观点，有助于我国行政法治朝着民主方向发展，有益于行政决策更加科学、更加精确。此外，随着社会公众参与行政活动的积极性提高，可以借助公众对行政主体开展有效的监督，利用公众的力量进行监督，能够督促行政主体更加遵守法律法规，从而坚持依法行政。可以看到，在广泛参与精神的影响下，闭塞的行政环境逐渐被打破，并吸引更多社会公众参与行政活动，充分调动公众参与行政的积极性，为我国行政法治建设做出突出贡献。

（三）行政法治全面给付精神

随着社会主义民主法治不断健全，行政法治开始朝着全面给付方向发展，行政法治建设的本质是改善人民群众的生活环境，为人民群众创造更好的生活条件。面对该目的，行政法治建设需要关注全面给付，通过全面给付为社会公众提供优质的生活环境，将行政法治建设作为提高人民群众生活质量的基础。过去，我国行政法治建设过于关注权力机制，认为行政法治是利用国家权力实现对人民群众的管理。但事实上，现代行政法治已经开始由管理向服务过渡，以服务获取人民群众的认可。

新时代，社会主要矛盾已经转化为人民日益增长的美好生活需要和不平衡不充分的发展之间的矛盾，想要改善此种矛盾，就需要引入行政权力，利用行政权力调整物质精神需求，让两者更加平衡、充分。事实上，政府的本质就是为人民群众提供服务，行政法治建设自然也要落实于服务人民群众，当行政法治具备全面给付精神时，行政法治根本目的也就得到落实，我国的行政法治建设也将朝着良性的方向发展。

（四）行政法治鼓励自治精神

长期以来，我国行政法治都围绕社会管理开展，认为应利用行政权力对社会进行管理。而在这个实践过程中，行政管理每年耗费大量的成本，成为财政收益中的重要开支项目。随着时代的不断发展，我国提出以"治理"取代"管理"，主张将更多的权力从行政部门分离出来，交由社会进行自治，允许社会组织、团体以及社会公众开展自治工作。所谓自治，就是由社会团体、行业协会、社会公众建立规章制度，约束和管理个人尊崇约束，依照相应的规章指导自身活动，确保相关行为符合法律规定和道德准则。相比传统的政府管理而言，自治有着诸多优势，在自治的引导下，社会管理成本明显降低，各项规则制度更加合理，更便于操作，由社会公众参与制定的规章制度，对公众而言更具有约束力。

在现代化的行政法规之中，一部分规定是源自国家内容，属于国家制定的规则，另一部分则源自社会，是从民间规则中提炼而成的。

随着行政法治的发展，源自社会的民间规则占比越来越高，这意味着行政法治朝着鼓励社会自治的方向发展。事实上，行政法治鼓励自治精神符合我国服务型政府的构建，权力本身源自人民群众，鼓励自治就是让人民群众自行支配权力，自行进行管理。

（五）行政法治柔性介入精神

行政法治是我国最基本的法律构成，以国家强制力作为有力后盾，确保行政法治能够贯穿社会生活之中，引导和完善社会生活的方方面面。在过去的发展历程中，行政法治一直强调刚性，利用强制力确保社会稳定发展，认为刚性的法律能够让社会公众产生畏惧，从而尊崇行政法律的相应规定，确保社会和谐稳定发展。但事实上，现代社会治理应注重刚柔并济，引入更多的柔性内容能够凸显行政法治建设的人性化，抛弃冰冷的法律武器，关注人性生活才是行政法治未来的主旋律。

在社会生活中，行政法治刚性内容随处可见，以行政处罚、行政许可为例，这些行政法治都以刚性为主，利用国家强制力对社会进行管控，以强硬的处罚防止社会公众违反行政法律规定。一方面，我们需要肯定刚性措施对行政法治建设和社会发展做出了积极贡献；另一方面，我们也要清醒地意识到社会治理不能完全依赖强制性措施，要增加更多柔性内容，提高行政法治的人文关怀，这其中就要充分发挥社会主义核心价值观在文化法律服务中的作用。

习近平总书记指出："要把社会主义核心价值观的要求转化为具有刚性约束力的法律规定，用法律来推动核心价值观建设。"2018 年

5月，中共中央印发《社会主义核心价值观融入法治建设立法修法规划》，强调力争经过5~10年时间，推动社会主义核心价值观全面融入中国特色社会主义法律体系。规划明确指出，要"发挥先进文化育人化人作用，建立健全文化法律制度"，特别是要"完善公共文化服务和文化产业法律体系，建立健全、有利于中华优秀传统文化传承发展的法律制度，完善互联网信息领域立法"。[①]

三、我国文化法律服务面临的挑战

"文化"这一概念蕴含着极其丰富的内涵，而且涵盖了人类历史长河中的一切文明发展成果。但是，因文化立法在世界各国的国内立法中尚属新兴立法领域，因此充分发挥社会主义核心价值观在我国文化法律服务中的重要作用，更是面临着巨大的挑战，这种挑战主要表现在以下几个方面：

（一）域内外"文化"概念内涵差异大

虽然"文化"的概念内涵极其丰富，但是从世界各国国内的立法之都考察中可以看出，文化立法还属于新兴立法领域，在诸多国外的法治文化制度话语框架下，采用狭义界定的方法，这样国家内

---

① 周刚志：《社会主义核心价值观全面融入中国文化法律体系的法理思考》，《民主与法制时报》2018年5月15日。

部文化行政部门管辖范围之下的事项可以一一对应。依据《中华人民共和国宪法》和党中央有关"中国特色社会主义先进文化建设"等要求，中国的文化法治建设要合理规划文化法治建制的范围，促进文化大发展大繁荣，以此加强与协调文化教育与管理。中国共产党自成立以来，始终非常重视文化建设，对于文化建设等相关问题，党和国家领导人均提出了精辟而深刻的论断。例如，毛泽东同志曾经深刻指出："一定的文化（当作观念形态的文化）是一定社会的政治和经济的反映，又给予伟大影响和作用于一定社会的政治和经济。"[1] 这一论断科学阐明了"文化""经济"和"政治"之间的逻辑辩证关系，实现了马克思主义理论中国化的成果转化，准确将"文化"与"政治""经济"相并列，以此彰显出"文化"的重要意义。随着我国改革的不断深入，"文化"在不同阶段赋予了新的内涵。党的十八大以来，以习近平同志为核心的党中央高度重视文化建设工作，在文化立法与文化体制领域进行深入的改革，各项举措取得显著成果。习近平总书记在党的十九大报告中明确提出："要坚持中国特色社会主义文化发展道路，激发全民族文化创新创造活力，建设社会主义文化强国。"习近平总书记有关中国特色社会主义文化建设的重要论述，科学总结了自改革开放以来中国共产党有关文化建设的社会主义实践经验，深刻揭示了社会主义文化大发展大繁荣的内在规律，构成了习近平新时代中国特色社会主义思想的重要内容。[2] 实践中，如何破解域内外"文化"概念内涵的巨大差异，并建立有中国

---

[1] 《毛泽东选集》（第2卷），人民出版社1991年版。

[2] 周刚志：《以文化法治保障我国文化大发展大繁荣》，《民主与法制时报》2018年5月19日。

特色的社会主义文化立法体系，是当前亟待解决的问题。

（二）制度化、法治化理论研究不足

价值观念不是虚无缥缈的，更不是某种不可捉摸的意识存在，每一种价值观念都有非常明确的政策导向，通过一整套的法律制度、政策框架具体化。所以，不能仅仅就价值观念来研究价值观念，这是非常表象和肤浅的。要想深入研究法治文化，就要从价值观念入手，从政策导向、制度条文的角度，从价值理念的深入，来分析不同政治派别和政治思潮中的左、中、右的争论，弘扬社会主义核心价值观的文化价值。现有关于文化法治的研究当中，涉及中国特色的社会主义核心价值体系和核心价值观的政策化、制度化和法治化问题的研究较少，明确提出核心价值观的法治化研究命题的更是甚少。而社会主义核心价值观的政策化、制度化和法治化研究都是不容回避的重要主题，更是中国特色社会主义核心价值体系建设的重中之重。

（三）立法数量、立法内容与实践需求不平衡

改革开放以来，我国在知识产权领域的立法、文化产业相关立法的成就非常显著，相继出台和修改了《著作权法》《商标法》《文物保护法》《非物质文化遗产保护法》等。但是站在新时代的新起点，我国正处在文化大发展、大繁荣的新时代，时代呼唤对文化体制的深层次改革，相较而言，文化法制建设就显现出相对滞后性。因此，

在立法数量和立法内容上，我们要紧紧围绕《社会主义核心价值观融入法治建设立法修法规划》提出的立法目标、任务要求，充分吸收借鉴欧美国家的文化立法经验，同时要超越西方国家文化立法的狭义视角，结合我国人民群众关注的社会"焦点"问题，着力解决阻碍文化大发展大繁荣的"难点"问题，加快重点领域文化"热点"问题立法，消除文化教育和文化监管的"盲点"，构建完备、科学、高效的文化法治体系，加快立法步伐，推进文化振兴基本法、文化产业促进法、传统村落保护法、公共博物馆法、公共艺术馆法、文化产业基金法等专门法律出台落地，为中华文化的大发展、大繁荣提供有力的制度支撑。除此之外，我国还需要加大对相关领域的文化交叉、文化融合领域立法的统筹工作，协调各文化主管部门与其他部门的规范性文件备案审查工作，推进合宪性审查，统筹文化法律法规的制定、修改、解释、废止以及授权、配套、清理、备案等工作，注重对已有文化领域法律法规及其配套规定的备案审查，确保文化法律体系内容的制度和谐，为"四个全面"战略布局提供制度支撑，促进文化法治体系的全面实施。

四、充分发挥社会主义核心价值观在法治文化服务中的重要作用

要充分发挥社会主义核心价值观在法治文化服务中的重要作用，就要重点把握以下几个方面：

（一）社会主义核心价值观是中国特色法治文化的价值灵魂

法治文化是一种思维方式和行为方式，这种文化是以价值观为核心，代表着一个国家或民族对于法律生活所秉持的核心价值观。能否在社会治理中真正做到依法治国，关键在于能否在全社会形成相应的价值观。无论是从国家、社会，还是个体层面，社会主义核心价值观都是社会主义法治文化建设的内在要求。因此，必须把社会主义法治文化建设和社会主义核心价值观培育结合起来，充分发挥核心价值观的引导作用，努力培育现代意义上的法治文化，为依法治国提供文化灵魂支撑。社会主义核心价值观和法治文化建设之间具有极其密切的内在关系，社会主义先进法治文化的理论与思想精髓集中体现在社会主义核心价值观中，这一精髓也为我国的法治文化建设确立了价值灵魂。与此同时，社会主义核心价值观要贯彻落实，就需要通过一定的方式和载体，而体现、传播和践行社会主义核心价值观的重要载体之一就是社会主义先进法治文化建设工作。

在明晰二者之间的内在、必然联系基础上，更要正确处理好二者之间的相互关系，努力践行把社会主义核心价值观融入法治文化建设的相关工作，工作中既要体现社会主义核心价值观在社会主义法治文化建设中的引领作用，同时更重要的是社会主义核心价值观的巩固、传播和践行必须紧紧依靠、抓住社会主义法治文化的繁荣发展这条根本路径。

（二）社会主义核心价值观体现着法治文化的鲜明特色

社会主义核心价值观融入法治文化建设，是培育中国特色的社会主义法治文化的必经之路。社会主义核心价值观具有鲜明的中国脉搏和中国特色，更具有非常鲜明的社会主义特性。基于中国的实践经验，中国人民从中凝练出社会主义核心价值观，充分发挥社会主义核心价值观的引领作用，涌动鲜明的中国脉搏，用自由、平等、公正、法治引领社会主义核心价值观走向中国特色制度化和法治化，融入新时代法治文化建设的体系与脉络之中，以此推动法治文化建设的各领域协同发展，增强社会主义核心价值观贯彻落实的针对性、实效性，彰显中国特色社会主义法治文化的鲜明性格，这是我们中国走出的一条独具魅力与特色的文化之路。

从法治文化的理论积淀出发，我们需要澄清特定语言环境下的概念内涵，如法治、法治精神、法治国家、法治政府、法治社会、法治思维与法治方式、法治文明等，这些基础概念在不同的价值观引领下会呈现出不同的时代特色。法治文化在不同的价值观体系中会有不同程度的紧张关系，而这种紧张并不能自动和谐、不言自明地消化、调解，更多的还是要依靠对理论和实践中价值观张力的把握，以解决法治文化视角下的概念溯源。例如，自由和平等二者之间实践中存在着价值位阶的冲突，不同价值观体系中，二者之间的相互关系如何调和？再比如，法治是人类近三四百年以来在诸多社会治理方式方法中，做出的共同选择，这里法治的价值观具有一定的趋同性，而面对社会主义核心价值观中的重要内容之一，法治的价值观同社会主义核心价值观中其他内容之间是什么样的关系？法治视角下的国家诚信和公民个人诚信是什么关系？等等。这一系列的问题，都要求我们必须在理论上进行分析论证，阐明其概念内涵，推动法治、法治文化建设的成效。

要想准确把握中国特色法治文化内涵的实质，就要正确厘清社会主义核心价值观与法治文化建设的概念。虽然两个概念看起来存在着广泛的交叉与融合，实践中也互相促进、相互激发，但两个概念之间的上下位关系是有明显区别的。准确地说，"法治"一词是一级概念，相较而言，法治文化属于二级概念。也就是说，"法治文化"是"法治"一词的下位概念。从概念属级上看，社会主义核心价值观与"法治"是同一概念位阶，因此法治文化的概念内涵属于"中层理论位阶"，它为人们日常生活中提供了一种重要的价值观融入渠道，通过法治文化彰显社会主义核心价值观在生活中的引领和带动力量，更好地发挥通过先进的法治文化教人、育人、化人的"桥梁"作用，让法治文化更加贴近人们的生产、生活实践，深入人们的生活中。

（三）社会主义核心价值观为法治文化提供实践依据

法治建设离不开法治文化的支撑，通常传统的法律文化对于一个民族的影响更是深入骨髓的，民众一般很难从传统文化里完全走出来。文化本来就是传统，无论在哪个社会，绝不会没有传统。法律文化也是如此，完全脱离法律文化的法治建设几乎是不可能的。文化是一个国家法治建设的精神支持和文化根基，更是这个国家法治文化建设的实践依据。

站在新时代的新起点，文化事业涉及社会建设的方方面面，尤其是在文化产业发展领域，如何与其他相关产业融合发展，如何高效地推进文化法治建设，这都涉及诸多的行政执法部门与主管文化的相关管理部门。党的十九大报告明确提出，要统筹考虑各类机构设置，科学配置党政部门及内设机构权力、明确职责。高效的文化法治实施体系是推进文化法治、促进文化大发展大繁荣的关键。我国当前文化发展呈现出多种文化社会交汇的状态，如发达与落后并存、传统与现代并存等。在社会生活领域中，还存在着诸多与现代化发展脱节，甚至相悖的问题，这些问题在文化法治建设领域表现得尤为明显。通过充分衡量我国现代化建设水平，从国家维度确认富强、民主、文明、和谐是中国特色社会主义法治文化建设的总体目标；从社会维度确认自由、平等、公正、法治是社会主义法治文化的精神内核；从个人维度确认爱国、敬业、诚信、友善是培训社会主义法治文化的源头活水。近年来，我国文化产业领域出现了很多新兴业态，在不久的将来，这些新兴业态有可能成为我国文化产业的主导业态，如"互联网文化产业""数字文化产业"等。为了适应这一新兴业态的发展趋势，依据《深化党和国家机构改革方案》等文件精神，我们要继续着眼于文化大发展大繁荣的目标，深化文化管理的机构改革力度，而社会主义核心价值观就成了社会主义法治文化建设的重要实践依据，我们要以坚定的文化自信，致力于建设出一条有中国特色的社会主义文化发展路径。

第三章 维护《宪法》权威
推进依法行政

"《宪法》是国家的根本法,是治国安邦的总章程,是党和人民意志的集中体现。"《宪法》与国家前途、人民命运息息相关。习近平总书记讲:坚持依法治国首先要坚持依宪治国,坚持依法执政首先要坚持依宪执政。① 改革开放40年的伟大实践一再证明,改革开放不断深化的历史同时就是我国《宪法》不断完善的历史,全面贯彻实施《宪法》的过程同时就是《宪法》规范、保障和引领改革开放不断推进的过程。

一、《宪法》与改革进行良性互动

在《马恩全集》(第30卷),马克思强调指出,"不同要素之间存在着相互作用,每一个有机整体都是这样。"因此,我们要厘清改

---

① 王晨:《关于〈中华人民共和国宪法修正案(草案)〉的说明》,《中华人民共和国全国人民代表大会常务委员会公报》2018年4月15日。

革开放与《宪法》二者之间的良性互动关系，还是要从这两个事物的基本概念入手。

（一）改革开放的概念

"改革开放"由"改革""开放"两个词源构成。"改革"就是从根本上改变束缚我国生产力发展的经济体制，建立充满生机和活力的社会主义新经济体制，同时相应地改革政治体制及其他方面的体制。什么是"开放"呢？改革与开放紧密相连。开放既指对外开放也包括对内开放，对内开放是指国内各个地区之间要互相开放。对外开放是在平等互利的基础上，参与全球经济和全球治理，实现共享共赢发展。可以说，纵观我国历史，中华民族是一个极具改革与开放精神的民族。我们信手拈来就可以回忆起历史上多次著名的改革，如春秋战国时期魏国的"李悝变法"、大家津津乐道的秦国两次"商鞅变法"、唐朝的"永贞革新"、北宋神宗时期的"王安石变法"、明朝的"张居正变法"、清末的"洋务运动"和"戊戌变法"、新中国成立初期的"土地改革运动"、社会主义现代化建设时期的经济体制改革等。更为我们所自豪的是，世界历史上东西方文明各有特色，伴随着开放与文化的融合，曾经形成了两大文明中心，一个是古希腊的雅典，另一个是唐朝的长安。可以说，唐朝也是中国最为繁荣昌盛、开放的时代之一。所以从历史长河的发展看，我们中华民族是一个极具改革精神与开放的民族。

"改革"与"开放"两个词汇，是如何历史性地走到一起的呢？最早正式提出是在1980年12月25日，邓小平在中共中央工作会议上提到"实行各项经济改革和对外开放的政策";1984年2月9日在厦门考察时,明确提出和使用了"改革开放"一词,第一次正式表达出"改革开放"概念的整体性;在1987年首次写入党的政治报告中,就是我们大家所熟知的党的十三大政治报告中提出的"一个中心两个基本点",即以经济建设为中心,坚持四项基本原则,坚持改革开放的基本路线,可以说"改革"与"开放"两个词汇实现了历史性的握手。1987~1993年,"改革开放"一词先后写入党的基本路线、党章和《宪法》,在党和国家政策与制度层面得到确认,成为全党共识和国家意志的重要组成部分。① 正如习近平总书记指出:邓小平是"中国社会主义改革开放和现代化建设的总设计师"。

邓小平结合中国社会主义现代化建设实际,赋予了"改革""开放"以"旧词"新意。在刚刚的回顾中,我们发现中华民族历史上历次社会剧变及社会转型的改革与开放,都是与"变法"相伴相生的,"变法"观念的"巨链"一直在中华民族的血脉中延伸。邓小平说,中国的改革不是也不允许否定和抛弃我们已经建立起来的社会主义基本制度。因为改革的性质是社会主义社会的基本矛盾决定的,因此开放也是改革,开放是最大的改革。关于改革必须坚持社会主义的方向,邓小平指出:"世界上对我国的经济改革有两种评论。有些评论家认为改革会使中国放弃社会主义,另一些评论家认为中国不会放弃社会主义。后一种看法比较有眼光。"而社会主义是世界历史性的存在,中国发展离不开世界,必须主动参与全球化发展。对此,在《马恩选集》(第1卷)中,马克思指出:"无产阶级只有在世界

---

① 韩大元:《改革开放四十年中国宪法学的回应与贡献》,《中外法学》2018年10月15日。

历史意义上才能存在，就像它的事业——共产主义一般只有作为'世界历史性的'存在才有可能实现一样。"

（二）《宪法》的概念和修改

"宪法是什么呢？"要回答这个问题，需要回顾人类这三四百年来的法治发展历程。人类这三四百年来，一个重要的历史走向，就是民主法治化。这三四百年来，爆发了世界范围内的资产阶级革命和改革，如1688年英国光荣革命、1775年美国独立战争、1789年法国大革命、1868年日本明治维新，革命和改革成功了，资本主义世界逐步形成，资本主义的法治也日益形成发展。这些国家革命和改革成功后，做出了一个共同的选择，形成了人类历史上非常有特色的三个一百年，英国1689年颁布了《权利法案》，时隔100年到了1789年，美国和法国相继颁布《美利坚合众国宪法》和《公民与人权宣言》，再次时隔100年到了1889年，日本颁布了《大日本帝国宪法》。我们说近现代资产阶级革命史就是一部追求和建立现代法治的历史，这种发展一直延续到今天，而这些国家在制度建立之初，都不约而同地颁布宪法或者出台宪法性法律文件，把一个主权国家赖以存续的基本要素规定其中。

宪法是什么？宪法是近代形成人民主权原则之后产生的国家治理和社会治理的规则，并以宪法为核心和基础形成统一的规则体系，是人类选择的在宪法治理下的一种生活方式。

目光回到中国，近代中国陷入半殖民地半封建社会历史进程中，民族灾难没有阻却爱国进步人士对宪法探寻的脚步。伴随着新中国的诞生，1949年我国颁布了《共同纲领》，虽然它不是宪法，但是在新中国成立之初起到了代行宪法的重要作用。1954年我国迎来新中国第一部《宪法》，此后颁布了1975年《宪法》、1978年《宪法》和1982年《宪法》。现行1982年《宪法》是我国的第四部《宪法》。这部《宪法》伴随着改革开放实践的推进和发展，先后进行了四次修正，2018年3月11日，党的十三届全国人大一次会议审议通过了第五个《宪法修正案》。此次《宪法》修改的21个《宪法》条文，内容涉及11个方面，更是充分体现出以习近平同志为核心的党中央坚持依宪治国、依宪执政的坚定意志和坚强决心。

曾经有人提问了一个问题："1978年提出改革开放，为什么到1993年才把'市场经济'这四个字写入1993年的《宪法修正案》呢？"曾经有一位匈牙利经济学家彼得·米哈利说："中国走出'文革'非常轻松，好像是一场愉快的郊游，但东欧国家摆脱这样一种理性的计划体制就像是一场艰苦的长征。"我们国家从计划体制到市场经济的路，并不像这位经济学家说的是"一场愉快的郊游"，而是一场制度和思想领域的"长征"。举个简单的例子，1990~1991年发生的苏（联）东（欧）剧变，使社会主义阵营出现了严重曲折。"苏东剧变"使历史发生了断裂，从其本质上说应当也是一场社会变革，然而却没有以往社会变革的激烈社会对抗、暴风骤雨般的群众运动甚至是暴力冲突、战争。与以往许多社会变革相比，这一次要平静得多，似乎没有多少人激动、抗争，没有大规模的动乱和流血，因此被西方人形容为"天鹅绒般的革命"。这种革命状态的发生不是偶然的，而是有其深刻的历史根源的。

一是经济根源。在长期的具有垄断色彩的计划经济体制和后来进行的市场经济取向的改革中，盲目发展经济，盲目提出不切实际的改善人民生活水平和经济发展的目标，而且改革在启动时准备不足，改革之中不彻底，配套规定不健全，理论与实际严重脱节，与人民群众切身利益脱节，最终导致改革加快了解体的步伐。

二是社会根源。戈尔巴乔夫、叶利钦的改革具有深厚的社会基础。但其中存在着原则性的问题，在苏联和东欧的那种看似铁板一块的同质化的体制中，似乎一切都是高层权力运作决定的，人们很难看到作为一场深刻而全面的社会变革所本应具备的社会阶级基础的作用。过度的集权使人们无法意识到自己的主人地位，再加上西方国家的和平演变，以及飞速发展的科技和经济，引用一句话"资产阶级就在体制内"来形容苏东剧变的社会根源是十分恰当的。

三是政权建设。苏东共产党人掌权几十年始终没有学会如何在民主条件下执政，始终没有找到通过真正意义的选举获得政治合法性的方法。许多问题、矛盾本来是因为不民主或民主不够，但却要靠加强"专政"的方式来解决。长此以往，由于执政党的主流话语日益脱离实际的社会生活，执政党不仅不能掌握社会思想的领导权，反而对反对派一味地退让，妥协，最后不但思想领导权拱手让给了知识分子中的反对派，连执政党的地位也发生了本质上的改变，改变了社会主义方向和性质。

综合以上原因，苏联解体、东欧剧变并不是代表了社会主义的命运，而只是由于其本国国内的各种矛盾激化及执政党的性质变化所产生的必然结果，是社会主义在小部分国家实践的失败，不能笼统地说是社会主义制度不如资本主义制度。一个新的制度从诞生到成熟发展，必须经过几个时代甚至几个世纪的磨炼，必须经过在各个国家的实践中总结经验、吸取教训，充分在现有条件下挖掘社会主义制度的潜力。资本主义从萌芽时期开始，便与封建势力展开了长久的斗争。"从荷兰资本主义革命到法国资本主义革命历时两个世纪；1789年法国大革命之后，新旧制度围绕复辟与反复辟的斗争仍连续发生了好几次，持续了几十年。"从这些简单的历史事实可以看出，资本主义产生之初，也经历了血与火的洗礼。封建社会到资本主义社会既然如此，那么资本主义社会到社会主义社会显得更曲折和复杂，这也并不奇怪。

世界上任何事物都是有联系的，而且是不断发展的，社会制度也同样如此。虽然处于不同的位阶，但是客观实际向我们证明，资本主义现在的存在是有其合理价值的，并且在一定范围内还会继续发展。同样，社会主义的发展也必然要利用资本主义的先进因素，二者在一定范围内要长期共存。

但是，在共存的过程中，我们要时刻保持警惕性，不要受西方优质、腐化生活的传染，打开窗子的同时免不了有脏东西飞进来，因此，我们必须毫不动摇地坚持自己的信念，这样才能在"西化"的战役中取得胜利。苏联解体、东欧剧变只能证明社会主义制度在运用过程中出现了错误，我们要吸取前人的经验，把握和坚持社会主义的方向，既要警惕"左"又要警惕"右"，要警惕资本主义和帝国主义的和平演变，在失败中总结经验以免走苏联这样的弯路。更要注意的是，由于现代国家特征的演绎，国家政权、执政党的政治合理性也发生了根本性的改变。过去掌握了国家机器，拥有了暴力，即可以成为社会的统治者，而在现代条件下这就远远不够了。现代的国家政权、执政党的政治合理性还需要建立在获得社会"同意"

的基础上。这就意味着:政权和执政党必须掌握对于社会话语的引导,必须有能力引领社会的思想文化潮流,必须掌握思想文化的领导权。一句话,若要领导国家,先要引领思想。我国适时提出的"依法治国""依法执政"就是要建立全社会统一的道义方向,掌握思想文化领导权。综合分析资本主义世界及发展中国家的实践,如中国改革开放的实践、越南的革新实践等,我们不难得出结论:资本主义以其不可调和的矛盾,必然不是历史的最高阶梯;社会主义取代资本主义虽然是一个长期的、曲折的,甚至是荆棘满布的道路,但是资本主义的固有矛盾是其本身发展所无法掩盖的,社会发展的规律是任何人都无法抹杀的,社会主义命运不论多曲折、复杂,历史会找到自己的归宿,人类的未来必定属于社会主义,我们必然会迎接那一天的到来。①

因此,面对社会主义阵营的重创,虽然国内经济体制中一些深层次矛盾暴露,中国的改革和发展遇到了某些困难,中国又一次走到了历史的重要关头:是继续坚持党的"一个中心两个基本点"的基本路线,坚定不移地推进改革开放和现代化建设事业,走中国特色的社会主义道路,还是重提阶级斗争,以反和平演变为中心?这促使我们党必须做出选择。此时,邓小平总设计师关键时刻连续讲话,扭转形势。1991年,作为邓小平"南方谈话"的先声,皇甫平在上海《解放日报》头版连续发表四篇文章,就是著名的"羊年四论"。1992年著名的"南方谈话"后,中国迎来了快速发展的黄金期。

虽然相较于西方,我国《宪法》探索和发展较晚,但我们这部

---

① 田琳琳:《社会主义在资本主义发展之路中夺取胜利》,《理论界》2015年第5期。

《宪法》一经诞生，就与人民同呼吸、共命运，而为了实现以人民为中心、推动国家快速发展，1982年《宪法》伴随着改革开放历经五次修改，都是进一步解放思想、实事求是的产物。例如，以对"非公有制经济"发展规律的认识和把握看，我们经历了1987年私营经济首次进入《宪法》，那时它"是社会主义公有制经济的补充"；1992年第二次修宪，个体经济、私营经济、外资经济等多种非公经济一起入《宪法》，"多种经济成分长期共同发展"；1999年第三次修宪，非公有制经济地位再次提升，成为"社会主义市场经济的重要组成部分"；2004年第四次修宪，国家对非公经济由"引导、监督和管理"，变为了"鼓励、支持和引导"。

2004年3月14日第十届全国人民代表大会第二次会议通过了《中华人民共和国宪法修正案》。其中，《宪法》第十条第三款"国家保护个体经济、私营经济的合法的权利和利益。国家对个体经济、私营经济实行引导、监督和管理"修改为"国家保护个体经济、私营经济等非公有制经济的合法的权利和利益。国家鼓励、支持和引导非公有制经济的发展，并对非公有制经济依法实行监督和管理"。[①] 全国人大常委会副委员长王兆国在十届全国人大二次会议上做《宪法修正案》（草案）说明时说，中国拟在《宪法》中进一步明确对发展非公经济的方针。王兆国说，国家在社会主义初级阶段，坚持和完善公有制为主体、多种所有制经济共同发展的基本经济制度。作为社会主义市场经济重要组成部分的个体、私营等非公有制经济在促进经济增长、扩大就业、活跃市场等方面的重要作用日益显现。

---

① 《中华人民共和国宪法修正案》2004年3月14日。

他说，根据党的十六大关于"必须毫不动摇地鼓励、支持和引导非公有制经济发展""依法加强监督和管理，促进非公有制经济健康发展"的精神，《宪法修正案》（草案）将《宪法》第十一条第二款进行了修改。他说，这样修改，全面、准确地体现了党的十六大关于对非公有制经济既鼓励、支持、引导，又依法监督、管理，以促进非公有制经济健康发展的精神；也反映了中国社会主义初级阶段基本经济制度的实际情况，符合生产力发展的客观要求。从以上的《宪法修正案》和修宪草案说明中可以看出，其中有关非公有制经济修改的内容主要有以下两个方面：

首先，把"国家保护个体经济、私营经济的合法的权利和利益"修改为"国家保护个体经济、私营经济等非公有制经济的合法权利和利益"。

这样修改既保留了原句的含义，而且进一步地明确了非公有制经济不仅仅是个体经济和私营经济，还包括其他形式的非公有制经济，它们的合法权利和利益同样受到国家的保护。在这部分的修改内容中，笔者认为最重要的转变是加了一个"等"字。

非公有制经济是一个涵盖范围比较广的概念。在目前我国的经济生活中，主要存在着个体经济、私营经济和三资企业（中外合资企业、中外合作经营企业和外商独资企业）的经济形式，它们都是我国社会主义市场经济的重要组成部分。在新中国成立之初，公有制经济一统天下，只有少量的个体工商户，私营经济存在数量极少，更不用说是外资经济，但是在实行改革开放以后，尤其是20世纪90年代以后，个体、私营经济在党和国家政策的引导下迅速发展，经济规模越来越大，从业人员也越来越多。截至2002年底，我国个体工商户已经由 15 万户发展到 2377.5 万户，从业人员 4742.9 万人，注册资本 3782 亿元，比改革开放初期的 1981 年分别增长了 12 倍、19 倍、775 倍；私营企业 243.5 万家，从业人员 3247 万人，注册资本 24756 亿元，分别比 1989 年增长近 26 倍、20 倍、293 倍。与此同时，外资经济也迅速蓬勃发展起来。据商务部统计，到 2002 年底，外商对华投资累计设立外商投资企业 42 万多家，2002 年实现工业增加值 8901 亿元人民币，占全国工业增加值的 25.7%，在外商投资企业中直接就业的人员 758 万人。[1] 目前，非公有制经济创造的增加值已占国内生产总值的 1/3。

在非公有制经济蓬勃发展的同时，党和国家对其政策也相应地从限制发展到鼓励发展，从最初保护个体、私营经济发展到保护各种形式的非公有制经济。修改内容中的一个"等"字，看似普通平常，但其中蕴含的意义重大。它表明党和国家从《宪法》的高度，从治国方略的高度对非公有制的各种经济形式予以肯定，赋予法律上合法平等的竞争和发展条件与机会。

同时，"等"字也表明了《宪法》的前瞻性和与时俱进。任何事物都处于不断发展变化之中，因此任何国家的宪法都要随着时代的变迁而发生变化，这也是宪法发展史上经常遇见的问题。我国《宪法》能够包含我们的社会生活，但当社会在不断进步和发展之时，静态的《宪法》就需要适应动态的社会实践。因此，2004 年的第四次修宪，比照 1999 年当时的社会的实际经济情况而言，我国的经济体制已发生变化，但其经济制度并没有发生根本的、实质性的改变。所

---

[1] 潘盛洲：《促进非公有制经济健康发展的重要保障》，《中国人大》2004 年 2 月 25 日。

以为了更好地适应目前的实际经济状况，并能指导其健康发展，才进行了修改。在修改的同时更要考虑到未来经济形式的发展状况。就我国目前来说，随着改革开放的不断深入和发展，经济领域中可能还会出现新的非公有制的经济形式，因此它从一"出生"，便享受在法律范围内的"自由活动"的空间和权利，便享受《宪法》的保护。从这一层面上来讲，《宪法》指导社会的前瞻性特点得以充分体现，《宪法》的根本大法的地位更加得以巩固。

其次，国家对非公有制经济的指导方针有了改变，保留了原句中国家对非公有制经济实行引导、监督和管理的含义，又增加了鼓励、支持非公有制经济发展的内容。这其中有一个非常明显的区别，就是国家对非公有制经济的态度从"引导"走向了"鼓励"，表明了在我国社会主义初级阶段，发展个体、私营等非公有制经济，具有客观必然性。过去对公有制经济才用"鼓励"一词，现在的修改可以说非公有制基本上获得了与公有制同等的地位、同等的竞争条件和机会，非公有制经济的发展有了充分的空间和良好的发展环境，国家承认非公有制经济是社会主义市场经济发展中最活跃的因素。

非公有制经济获得合理合法地位的道路并不平坦，同时与我国对非公有制经济的认识日趋科学化有很大的关系。尤其是私营经济，它的修改是历次修改《宪法》的热点和重点问题。从最初的一味搞公有制经济形式，到党的十三大指出的"私营经济是公有制必要的和有益的补充"，并且在1988年修宪中写入了私营经济的概念，就承认了将有雇佣关系的私营经济形式作为社会主义公有制经济的补充，为私营经济的发展提供了《宪法》依据，承认了雇佣关系的合法地位。20世纪90年代，随着社会主义经济由计划经济向市场经济的转轨,私营经济不断发展壮大,成分也呈现多样化:股份制、联合体、合资等,已成为经济发展不可或缺的组成部分。党的十四届三中全会进一步指出,必须坚持以公有制为主体,多种经济成分共同发展的方针。党的十五大全面阐述了社会主义初级阶段的基本路线和基本纲领,第一次明确提出:"公有制为主体,多种所有制经济共同发展,是我国社会主义初级阶段的一项基本经济制度","非公有制经济是我国社会主义市场经济的重要组成部分。"1999年的修宪对其地位进一步明确,但是经济主体仍然以公有制为主,因而非公有制经济的发展仍受一定的限制,这就需要进一步明确国家对非公有制经济的态度。

随着党和国家对非公有制经济,尤其是私营经济的政策和认识的不断深入,从最初的"限制"到"引导",可以表明国家以根本法的形式使各级政府部门和社会各界进一步提高对发展非公有制经济重要性和必要性的认识,进一步明确了国家对发展非公有制经济的方针和政策。

党的十一届三中全会以来,随着改革的不断深化和开放的不断扩大,非公有制经济的地位显著提高。在我国的经济建设中,显示出不同于公有制经济的竞争力和活力。但是,由于种种原因,目前制约非公有制经济发展的个体性障碍仍然存在。比如,对非公有制企业在市场准入和投资领域等方面仍存在一些限制;有些政府部门对非公有制企业在注册、经营、投资立项等环节上实行严于其他企业的审批要求;许多非公有制企业难以平等地获取和使用生产要素;有的地方和部门的管理人员对非公有制企业随意干预,提出一些不合理的要求,设置一些有形、无形的障碍;等等。所有这些都阻碍或者限制了非公有制经济的健康发展，需要采取切实有效的措施加以革除。因此，党的十六大进一步明确提出："必须毫不动摇地鼓励、支持和引导非公有制经济发展。""充分发挥个体、私营等非公有制经济在促进经济增长，扩大就业和活跃市场等方面的重要作用。""依法加强监督和管理，促进非公有制经济健康发展。"

党的政策从"引导"到"鼓励"，使非公有制经济从根本法上获得了与公有制平等的地位，也有助于切实纠正各种不正确对待非公有制经济的做法，国家对其干预的现象也得以缓解，使非公有制经济能够在我国的经济领域中大显身手。另外，从监督力度上来看，修宪之前的非公有制经济，其如何发展、以何种形式发展等，完全处于国家的监督之中，无论其是否属于合法经营，国家对非公有制经济的态度仍然是不完全信任，需要适时的监督和管理。而修改之后变为"依法实行监督和管理"，强调的是"依法"，这样就解开了对非公有制经济的束缚，避免了不公正的待遇，使非公有制经济本身得以壮大和发展。体现了我国政府遵循依法行政、依法办事的原则，并在此基础上淡化了权力的色彩。行政机关改变传统管理模式，积极推行行政指导和行政管理社会化的措施，维护了经济生活中的平衡化。最重要的是可以激活公有制经济，使我国的经济发展态势显示出前所未有的生机和活力。

从以"引导"为主发展到以"鼓励、支持"为主，这一修改体现了政策的调整，适应了市场经济要求的原则，符合经济决定政治的原理。一方面表明了我党能够切实加强自身的领导素质建设，也体现了《宪法》尊重经济规律的原则，另一方面也反映了民主的原则。这表明我国现行《宪法》是一部符合实际、经得起发展考验的好宪法。

为了更加全面和深入贯彻这次修宪的精神,在对非公有制经济赋予法律地位的同时,应该配之以相关的保护措施,将"鼓励和支持"真正落到实处。要制定出符合目前经济实际情况的法律法规,如《私营企业市场准入法》《投资法》等,要使《行政审批法》得到切实的贯彻和执行,而且要针对不同地区的不同实际情况制定政策、切实鼓励和保护非公有制经济健康、快速地发展,同时对政府实施有效的管理也不要忽视,以防止经济领域中权力的滥用。

此次《宪法》的修改意义重大。《宪法》是国家的根本大法。对《宪法》做出上述修改,全面、准确体现了党的十六大关于对非公有制经济既鼓励、支持、引导,又依法监督、管理,以促进非公有制经济健康发展的精神;也反映了我国社会主义初级阶段基本经济制度的实际情况,符合生产力发展的客观要求。对于坚持和完善公有制为主体,多种所有制经济共同发展的基本经济制度,把全社会对非公有制经济的认识统一到党的十六大确立的方针政策上来,进一步消除非公有制经济发展的障碍,促进非公有制经济健康发展,将产生重大的推动作用。

随着《宪法》的修改和依法治国方略的全面有效实施,我国非公有制经济发展的环境将进一步改善,以公有制为主体、多种所有制经济共同发展的基本经济制度将进一步得到坚持和完善,我国的社会主义市场经济将进一步繁荣。

由此我们可以清晰地看到,当认识沿着实践、认识,再实践、再认识的轨迹逐步上升为国家意志,它所抵达的绝不是终点,而是认识与实践的新起点。当然,我们也深知,随着改革的不断深入和发展，我们面对的国际国内局势更加复杂，国外敌对势力对我们党实施"和平演变""颜色革命"一刻也没有停止，意识形态领域斗争复杂而尖锐，影响党的先进性、弱化党的纯洁性的因素是复杂的。①

因此，在推进改革开放的过程中，我们党不断深化对改革与法治关系的认识，在许多重要方面取得了重大突破。如何在改革与法治之间达到一种动态平衡，既以改革推动经济社会向前发展，又保障法律秩序稳定，是改革必须面对的一个重要理论与实践问题。而《宪法》作为根本法、治国安邦的总章程、党和人民意志的共同体现，在改革开放推进中，引领作用的发挥更是尤为重要。新时代，面对全面深化改革与全面依法治国的新形势，我们党坚持在法治轨道上推进改革、在改革中完善法治，做到改革与法治同步推进，使改革与法治的辩证统一达到新的高度，从而不断破解改革新难题、开创法治新局面。②

二、《宪法》和改革开放的相互关系

那么，《宪法》和改革开放的相互关系是怎样的？生产力与生产关系的关系侧重社会的经济领域，经济基础与上层建筑侧重社会的政治、法律及意识形态等领域。改革开放为经济社会发展提供了不

---

① 梅荣政：《不断提升共产党人的根本政治品格——论新时代加强共产党人的党性修养》，《思想理论教育导刊》2018 年 12 月 20 日。

② 《奏响改革与法治和谐共鸣新乐章》，《人民日报》2019 年 4 月 11 日。

竭动力，促使《宪法》修改、制度创新、法治进步，这意味着二者之间是相互促进和相互依托的紧密关系，具有内在的一致性和天然的统一性。

《宪法》的引领作用主要表现在四个方面：

（1）确认功能：确认国家性质、国家法制统一、国家基本价值目标等。例如，2018年修宪时，在《宪法》序言中确立科学发展观、习近平新时代中国特色社会主义思想在国家政治和社会生活中的指导地位；调整充实中国特色社会主义事业总体布局和第二个百年奋斗目标的内容，完善依法治国和《宪法》实施举措；对革命、建设发展历程进行补充，做出我国当前处于全面深化改革的新的历史发展阶段的准确判断；充实完善爱国统一战线和民族关系的内容。

（2）保障功能：保障人权。面对挑战，此次修宪将创新、协调、绿色、开放、共享五大新发展理念，平等、团结、互助、和谐的社会主义民族关系，《立法法》中增加了赋予设区的市地方立法权，24字的社会主义核心价值观（富强、民主、文明、和谐，自由、平等、公正、法治，爱国、敬业、诚信、友善）写入《宪法》，体现出以人民为中心的根本原则。同时，向世界作出回应，中国坚持走和平发展道路，推动构建人类命运共同体的政治主张，这一主张不但写入此次《宪法修正案》中，更已经写入联合国人权大会的决议。

（3）限制功能：限制国家权力规范运行，以实现宪法保障人权的基本功能。面对挑战，《宪法修正案》充实坚持和加强中国共产党全面领导的内容，在总纲第一条明确提出：中国共产党的领导是中国特色社会主义最本质的特征；修改国家主席任职方面的有关规定，体现和维护"三位一体"领导体制，用全国人大常委会法工委主任沈春耀面对媒体采访时的回答"对于我们这样一个大党、大国来说,'三位一体'领导体制不仅是必要的,而且是最为妥当的",这种领导体制和领导形式,是中国共产党从长期执政实践中探索和总结出来的治国理政的成功经验。此次修宪更是增加了有关监察委员会的各项规定,通过建立国家监察委员会,整合反腐败资源力量,形成集中统一、权威高效的反腐败体制,形成严密的法治监督体系,从而实现全面推进依法治国的目标。①

（4）协调功能：协调社会不同群体成员之间的利益分配规则。《宪法》的四个功能,主要是通过全面推进依法治国的新十六字方针贯彻执行的,即"科学立法"：确立了社会主义法律体系的基本目标（确立了立法的统一基础,《宪法》是合理的法律体系建立的基础,《宪法》规定了解决法律体系内部冲突的基本机制,《宪法》是立法体制发展与完善的基础与依据）；"严格执法"：法律人《宪法》意识与《宪法》思维的培养；"公正司法"：审判权和检察权的来源,《宪法》规定了司法机关进行法律活动的基本原则,法官和检察官的《宪法》意识对法治的发展有重要影响；"全民守法"：树立《宪法》意识是守法意识的重要内容。

《宪法》的发展是落实改革开放的法治保障,《宪法》的修改确认了改革开放的成果,反映了时代的呼声；改革开放为经济社会发展提供了不竭动力,促使《宪法》修改、制度创新、法治进步,这意味着二者之间是相互促进和相互依托的紧密关系,具有内在的一致性和天然的统一性。特别是2018年《宪法》修改的21个《宪法》条文,

---

① 胡仙芝、胡佳铌：《我国领导干部体制改革40年的回顾与新时代改革前瞻》，《中共福建省委党校学报》2019年1月31日。

内容涉及的 11 个方面，更是充分体现出以习近平同志为核心的党中央坚持依宪治国、依宪执政的坚定意志和坚强决心。通过修改《宪法》，把党的重大政策的变化及时反映到作为根本法的《宪法》中，不仅使《宪法》自身能够很好地顺应时代要求，而且使《宪法》通过根本法的作用为改革开放和社会主义现代化建设保驾护航。

三、维护法治权威　加强《宪法》实施

《宪法》的生命在于实施，《宪法》的权威也在于实施。我们要让《宪法》活起来、动起来。在 2018 年 2 月 24 日中共中央政治局第四次集体学习时，总书记明确提出要求：要把实施《宪法》提高到新的水平。要修宪为坚定中国特色社会主义四个自信奠定《宪法》根基，提供根本法保障。站在新时代的新起点，全面贯彻实施《宪法》，我们也面临诸多的挑战，主要体现在以下三个维度：

（1）从对外高水平开放的维度看，当前中国以"一带一路"建设为引领，提出构建民主法治、合作共赢的国际政治经济新秩序的主张。面对法治全球化浪潮的挑战，我国以 40 年改革推动的法治发展成果来和西方近现代 400 多年的法治成果进行博弈。全球化是一把"双刃剑"，尤其对中国来说，它是机遇，更是挑战。全球化的冲击带来了价值观念的普遍化、文化的同质化。《宪法》作为一个国家主权的象征，更是在一国价值观念和文化认同上抵御巨大的冲击，对于走中国特色社会主义发展道路的中国来讲更是巨大的挑战。

2049年新中国成立100周年时，我们要建设社会主义现代化强国，要实现伟大的民族复兴，我们要重新回到世界的中央，重新恢复明朝以前中国应有的国际地位。当前中美贸易摩擦处在关键阶段，中国在此期间表现出大国智慧和大国担当。中国坚持致力于推动公平公正的全球治理体系变革，作为世界和平的建设者、全球发展的贡献者、国际秩序的维护者，在这个过程中，中国会积极发挥扮演好责任大国的角色，充分发挥大国作用，按照责任、权利、能力相一致的原则，在推动全球治理规则和治理体系变革中，充分发挥大国的责任和担当。

中法于2019年3月签署了《关于共同维护多边主义、完善全球治理的联合声明》，重申尊重国际法和国际关系基本准则，强调坚持多边主义是推动国际合作应对不断增多的共同风险和挑战、维护世界和平与繁荣的最佳方式，重申愿共同应对气候变化、生物多样性丧失和环境保护、核扩散体系、反恐等方面面临的挑战。中俄于2019年6月签署了《关于加强当代全球战略稳定的联合声明》，强调维持良好大国关系对解决全球战略性问题的重要性，认为核武器国家对国际安全和全球战略稳定负有重要责任，呼吁核武器国家停止毫无限制地发展全球反导系统，表明将继续共同维护巩固来之不易的防扩散和军控领域国际机制体系。两国特别主张国际社会以联合国为平台，研究新兴科技发展及其军事化应用对国际安全可能造成的影响及其法治化规范，同时确保各方平等参与，充分反映各方立场和关切。①

---

① 高祖贵：《为全球治理提供强大中国力量》，《学习时报》2019年6月26日。

邓小平说过:"中国人有自信心。自卑没有出路,过去自卑了一个多世纪,在中国共产党领导下站起来了。庞然大物吓唬人,中国人不怕。抗日战争打了八年,抗美援朝打了三年,我们有以少胜多、以弱胜强的传统……我相信,在外国的侵略和威吓面前,我们的人民不会怕,我们的子孙也不会怕。"面对当前发展中的复杂国际国内环境,要保持战略定力,坚持发展是硬道理,发展才是社会主义。中国人要立足中国实际,踏踏实实做好推动国家发展的各项工作。

习近平总书记指出:"改革是由问题倒逼而产生,又在不断解决问题中而深化。"中国有巨大的发展空间,我们在面对问题的同时,也从另一个侧面看到了发展的新空间、改革的新目标。中国依靠着广袤地域优势,赢得了改革的先期胜利。改革中我们也遇到了不同地区发展的不均衡所形成的自然"压差",面对问题,我们坚持看问题"一分为二","压差"为我国经济形成抗压韧性,为改革事业的发展提供了宽阔的回旋余地。全面深化改革的形势日趋严峻,工作任务日趋复杂,这就要求我们不断解放思想、扩大开放步伐、深化改革、推进制度变革。这项工作就像下围棋一样,全盘布局谋划,全盘胜负的关键、紧要处只是一两手便决定了。因此,我们要妥善处理好当前利益和长远利益,牢牢抓住牵一发而动全身的"牛鼻子",牢牢抓住实现中华民族伟大复兴中国梦的基础性工程不放松,对内持续全面深化改革,对外更大幅度推进开放。[1]

(2)从对内全面深化改革的维度看,我国当前处于全面深化改革的新时代。我国提出了"四个全面"的战略布局,依靠改革我国

---

[1] 杨英杰:《艰难困苦能使我们的事业成功》,《学习时报》2019年5月22日。

在国际社会赢得举足轻重的地位。党的十九大报告指出，中国特色社会主义进入新时代，我国社会主要矛盾已经转化为人民日益增长的美好生活需要和不平衡不充分的发展之间的矛盾。2020年建党100周年时，我们要实现脱贫，让中国没有穷人，中国进入小康社会。但是随着改革的不断深入，我们也迎来了利益关系和权力格局调整的"深水区""硬骨头"，这些都是躲不开、绕不过的难题。面对这些问题，我们应该怎么办呢？习近平总书记讲：改革开放只有进行时，没有完成时。解决我国发展面临的一系列突出矛盾和挑战，关键在于深化改革。

当前，国内外环境正在发生极为广泛而深刻的变化，我国发展也面临一系列突出矛盾和挑战。实行改革开放政策以来，我国社会逐渐由单一利益社会转变为多元利益的社会。我国社会通过经济体制改革形成了经济形势多元化，由经济形势多元化形成了经济利益多元化，由经济利益多元化形成了政治利益多元化，由政治利益多元化形成了思想多元化、价值观多元化。可以说，利益多元化已经成为我国社会的基本特征。

以姓名权保护为例，《中华人民共和国宪法》第三十八条明确规定"中华人民共和国公民的人格尊严不受侵犯。"姓名权是公民决定、使用和依照规定改变自己姓名的权利，姓名权是人格权，其内容的实质就是姓名决定权，也就是姓名选择权。姓名权伴随着中国法治的发展，也走过了一段极不平凡的历程，其间发生了一些极具代表性的经典案例。

齐玉苓诉陈晓琪等以侵犯姓名权的手段侵犯宪法保护的公民受

教育的基本权利纠纷案[1]

基本案情：

陈晓琪及其父陈克政在滕州八中、滕州教委的帮助下，冒领济宁商校发给齐玉苓的录取通知书，伪造档案，并由于济宁商校在档案管理中的过失，使得陈晓琪得以成功顶替齐玉苓在济宁商校接受教育。原告齐玉苓因与被告陈晓琪、陈克政、山东省济宁商业学校（以下简称济宁商校）、山东省滕州市第八中学（以下简称滕州八中）、山东省滕州市教育委员会（以下简称滕州教委）发生侵犯姓名权、受教育权纠纷，向山东省枣庄市中级人民法院提起诉讼。

一审情况：

原告齐玉苓诉称：原告经统考（统一招生考试）后，按照原告填报的志愿，被告济宁商校录取原告为九〇级财会专业委培生（由特定单位委托学校培训的学生）。由于各被告共同弄虚作假，促成被告陈晓琪冒用原告的姓名进入济宁商校学习，致使原告的姓名权、受教育权以及其他相关权益被侵犯。请求判令各被告停止侵害、赔礼道歉，并给原告赔偿经济损失16万元（其中包括：1. 陈晓琪冒领的工资5万元；2. 陈晓琪单位给予的住房福利9万元；3. 原告复读一年的费用1000元；4. 原告为将农业户口转为非农业户口交纳的城市增容费6000元；5. 原告改上技校学习交纳的学费5000元；6. 陈晓琪在济宁商校就读期间应享有的助学金、奖学金2000元；7. 原告支出的律师代理费5000元、调查费1000元），赔偿精神损失40万元。

被告陈晓琪辩称：本人使用原告齐玉苓的姓名上学一事属实。

---

[1]《最高人民法院公报》2001年第5期（总第73期）。

齐玉苓当年的考试成绩虽然过了委培分数线，但她表示过不想上委培，因此她没有联系过委培单位，也没有交纳委培费用，不具备上委培的其他条件。本人顶替齐玉苓上学，不侵犯其受教育权。受教育权不是《中华人民共和国民法通则》规定的民事权利，齐玉苓据此主张赔偿，没有法律依据，而且其诉讼请求已明显超过了民法通则规定的二年诉讼时效。

被告济宁商校辩称：本校收到以齐玉苓名义寄来的委培单位证明后，及时对考试成绩超过委培分数线的齐玉苓发出了录取通知书，因此没有侵犯原告齐玉苓的合法权益。

被告滕州八中辩称：在齐玉苓与陈晓琪的纠纷中，本校没有任何侵权行为，不应被列为本案被告。

被告滕州教委辩称：在九〇届中专招生考试中，从报名、考试、录取到发放录取通知书的各个环节，本被告都严格执行了招生政策，在此纠纷中无任何过错，不应为他人的侵权行为承担责任。

我们发现这个案例中，有一个大家争议的问题：姓名权和受教育权。陈晓琪主张受教育权不是《中华人民共和国民法通则》规定的民事权利，齐玉苓据此主张赔偿，没有法律依据。

在查明事实真相基础上，枣庄市中级人民法院认为：民法通则第九十九条规定："公民享有姓名权，有权决定、使用和依照规定改变自己的姓名，禁止他人干涉、盗用、假冒。"被告人陈晓琪在中考落选、升学无望的情况下，由其父、被告陈克政策划并为其主实施冒用原告齐玉苓姓名上学的行为，目的在于利用齐玉苓已过委培分数线的考试成绩，为自己升学和今后就业创造条件，其结果构成了对齐玉苓姓名的盗用和假冒，是侵害姓名权的一种特殊表现形式。由于侵权行为延续至今，故陈晓琪关于齐玉苓的诉讼请求已超过诉讼时效的答辩理由，显然不能成立。

原告齐玉苓主张的受教育权，属于公民一般人格权范畴。它是公民丰富和发展自身人格的自由权利。本案证据表明，齐玉苓已实际放弃了这一权利，即放弃了上委培的机会。其主张侵犯受教育权的证据不足，不能成立。齐玉苓基于这一主张请求赔偿的各项物质损失，除律师代理费外，均与被告陈晓琪的侵权行为无因果关系，故不予支持。

民法通则第一百二十条规定："公民的姓名权、肖像权、名誉权、荣誉权受到侵害的，有权要求停止侵害，恢复名誉，消除影响，赔礼道歉，并可以要求赔偿损失。"原告齐玉苓的姓名权被侵犯，除被告陈晓琪、陈克政应承担主要责任外，被告济宁商校明知陈晓琪冒用齐玉苓的姓名上学仍予接受，故意维护侵权行为的存续，应承担重要责任；被告滕州八中在考生报名环节疏于监督、检查，并与被告滕州教委分别在事后为陈晓琪、陈克政掩饰冒名行为提供便利条件，亦有重大过失，均应承担一定责任。

原告齐玉苓支出的律师代理费，因系被告陈晓琪实施侵权行为而导致发生的实用费用，应由陈晓琪承担赔偿责任，其他被告负连带责任。但齐玉苓主张的律师代理费数额无客观依据，不能全部支持，应按《枣庄市律师业务收费标准》确定收费具体数额。诉讼中对体格检查表、学期评语表中的印章进行鉴定支出的费用，应由责任人被告滕州八中、滕州教委分别负担。

原告齐玉苓的考试成绩及姓名被盗用，为其带来一定程度的精神痛苦。对此，除有关责任人应承担停止侵害、赔礼道歉的责任外，各被告均应对齐玉苓的精神损害承担给予相应物质赔偿的民事责任。各被告对判决的精神损害赔偿费用各自承担，相互之间不负连带责任。但在赔偿标准方面，齐玉苓主张的数额与我国国情和本案案情均不相符，要求过高，故不予全部采纳。对精神损害应赔偿的数额，参照本地司法机关审理的同类纠纷确定。

经过上述的法律分析，枣庄市中级人民法院最后判决：

一、被告陈晓琪停止对原告齐玉苓姓名权的侵害；

二、被告陈晓琪、陈克政、济宁商校、滕州八中、滕州教委向原告齐玉苓赔礼道歉；

三、原告齐玉苓支付的律师代理费825元，由被告陈晓琪负担，于判决生效后10日内给付，被告陈克政、济宁商校、滕州八中、滕州教委对此负连带责任；

四、原告齐玉苓的精神损失费35000元，由被告陈晓琪、陈克政各负担5000元，被告济宁商校负担15000元，被告滕州八中负担6000元，被告滕州教委负担4000元，于判决生效后10日内给付；

五、鉴定费400元，由被告滕州八中、滕州教委各负担200元；

六、驳回齐玉苓的其他诉讼请求。

二审情况：

宣判后，齐玉苓不服一审判决，向山东省高级人民法院提起上诉。理由是：一、陈晓琪实施的侵犯姓名权行为给本人造成的精神损害是严重的，应按照山东省高级人民法院《关于审理人身损害赔偿案件若干问题的意见（试行）》第75条规定的赔偿标准予以赔偿；二、根据当年国家和山东省对招生工作的规定，报考委培不需要什么介绍信，也不需要和学校签订委培合同。滕州市招生委员会办公室的"滕招办字〔1990〕7号"文件中对招委培生工作的规定,违反了国家和山东省的规定,是错误的,不能采信。本人在参加统考前填报的志愿中,已经根据枣庄市商业局在滕州市招收委培学生的计划填报了委培志愿,并表示对委培学校服从分配,因此才能进入统招兼委培生的考场参加统考,也才能够在超过委培分数线的情况下被济宁商校录取。正是由于滕州八中不向本人通知统考成绩,而且将录取通知书交给陈晓琪,才使本人无法知道事实真相,一直以为成绩不合格落榜了,因此也才不去联系委培单位,没有交纳委培费用。各被上诉人的共同侵权,剥夺了本人受中专以上教育的权利,并丧失了由此产生的一系列相关利益。原审判决否认本人的受教育权被侵犯,是错误的。请求二审法院判令:1.陈晓琪赔偿因其侵犯本人姓名权而给本人造成的精神损失5万元;2.各被上诉人赔偿因共同侵犯本人受教育的权利(即上中专权益及相关权益),而给本人造成的经济损失16万元和精神损失35万元。

  被上诉人陈晓琪答辩称:原判认定事实清楚,适用法律正确,程序合法,应当维持。

  被上诉人陈克政答辩称:中专预选考试结束后,齐玉苓私下曾对陈晓琪表示过她不准备上委培学校。正是由于齐玉苓有这个意思表示,所以我提供了鲍沟镇镇政府的介绍信和委培合同,齐玉苓才能被安排在统招兼委培考场。当然,以后陈晓琪使用齐玉苓的姓名上学,齐玉苓不知情,但这并不违背齐玉苓本人的意思表示。所以,我们侵犯的只是齐玉苓的姓名权,没有侵犯齐玉苓受中专以上教育的权利,更没有因此给其造成任何精神损害。

  被上诉人济宁商校答辩称:侵犯齐玉苓的姓名权,完全是由陈克政精心策划并实施的。如果有其他具体行为人明知是假，还为陈克政编造或更改档案材料，应当追究具体行为人的责任。济宁商校履行了自己应尽的审查义务，没有任何证据能证明济宁商校在陈晓琪、陈克政实施的侵犯姓名权方面有故意行为，因此济宁商校没有给齐玉苓造成任何精神损害。

被上诉人滕州八中答辩称：滕州八中当年以张榜公布的形式将齐玉苓的统考成绩及委培分数线进行了通知。齐玉苓的合法权益在1990年就已经受到陈晓琪、陈克政的侵犯，而滕州八中的财务章是1992年4月才刻制的，以加盖了变造的财务章让滕州八中承担侵权责任，于理不通。

被上诉人滕州教委答辩称：滕州教委在1990年的中专招生工作中，从考试到录取以及考生录取通知书的发放，都是严格按招生政策规定的程序进行。齐玉苓被他人冒名上学，与我委无关。

山东省高级人民法院认为，上诉人齐玉苓所诉被上诉人陈晓琪、陈克政、济宁商校、滕州八中、滕州教委侵犯姓名权、受教育权一案，存在着适用法律方面的疑难问题，因此依照《中华人民共和国人民法院组织法》第三十三条的规定，报请最高人民法院进行解释。

最高人民法院对本案研究后认为：当事人齐玉苓主张的受教育权，来源于我国宪法第四十六条第一款的规定。根据本案事实，陈晓琪等以侵犯姓名权的手段，侵犯了齐玉苓依据宪法规定所享有的受教育的基本权利，并造成了具体的损害后果，应承担相应的民事责任。据此，最高人民法院以法释〔2001〕25号司法解释批复了山东省高级人民法院的请示。

山东省高级人民法院据此讨论后认为：上诉人齐玉苓通过初中

中专预选后，填报了委培志愿，并被安排在统招兼委培考场，表明其有接受委培教育的愿望。被上诉人陈克政辩称是由于其提供了鲍沟镇镇政府的介绍信和委培合同，齐玉苓才被安排在统招兼委培考场，没有证据证实。即使此节属实，也因为陈克政实施的这一行为是违法的，不能对抗委培志愿是由齐玉苓亲自填报这一合法事实。陈克政称齐玉苓以自己的行为表示放弃接受委培教育的权利，理由不能成立。齐玉苓统考的分数超过了委培分数线，被上诉人济宁商校已将其录取并发出了录取通知书。由于被上诉机构滕州八中未将统考成绩及委培分数线通知到齐玉苓本人，且又将录取通知书交给前来冒领的被上诉人陈晓琪，才使得陈晓琪能够在陈克政的策划下有了冒名上学的条件。又由于济宁商校对报到新生审查不严，在既无准考证又无有效证明的情况下接收陈晓琪，才让陈晓琪冒名上学成为事实，从而使齐玉苓失去了接受委培教育的机会。陈晓琪冒名上学后，被上诉机构滕州教委帮助陈克政伪造体格检查表；滕州八中帮助陈克政伪造学期评语表；济宁商校违反档案管理办法让陈晓琪自带档案，给陈克政提供了撤换档案材料的机会，致使陈晓琪不仅冒名上学，而且冒名参加工作，使侵权行为得到延续。该侵权是由陈晓琪、陈克政、腾州八中、腾州教委的故意和济宁商校的过失造成的。这种行为从形式上表现为侵犯齐玉苓的姓名权，其实质是侵犯齐玉苓依照宪法所享有的公民受教育的基本权利。各被上诉人及机构对该侵权行为所造成的后果，应当承担民事责任。

由于各被上诉人及机构侵犯了上诉人齐玉苓的姓名权和受教育的权利，才使得齐玉苓为接受高等教育另外再进行复读，为将农业户口转为非农业户口交纳城市增容费，为诉讼支出律师费。这些费用都是其受教育的权利被侵犯而遭受的直接经济损失，应由被上诉人陈晓琪、陈克政赔偿，其他各被上诉人及机构承担连带赔偿责任。齐玉苓后来就读于邹城市劳动技校所支付的学费，是其接受该校教育的正常支出，不应由侵权人承担赔偿责任。

为了惩戒侵权违法行为，被上诉人陈晓琪在侵权期间的既得利益（即以上诉人齐玉苓的名义领取的工资，扣除陈晓琪的必要生活费）应判归齐玉苓所有，由陈晓琪、陈克政赔偿，其他被上诉人及机构承担连带责任。各被上诉人及机构侵犯齐玉苓的姓名权和受教育的权利，使其精神遭受严重的伤害，应当按照山东省高级人民法院规定的精神损害赔偿最高标准，给齐玉苓赔偿精神损害费。齐玉苓要求将陈晓琪的住房福利、在济宁商校期间享有的助学金、奖学金作为其损失予以赔偿，该请求于法无据，不予支持。

按照《人民法院诉讼收费办法》的规定，本案诉讼费应根据上诉人齐玉苓诉争的标的额进行计算。原审判决计算有误，应予纠正。

综上，原审判决认定被上诉人陈晓琪等侵权了上诉人齐玉苓的姓名权，判决其承担相应的民事责任，是正确的。但原审判决认定齐玉苓放弃接受委培教育，缺乏事实根据。齐玉苓要求各被上诉人及机构承担侵犯其受教育权的责任，理由正当，应当支持。据此，山东省高级人民法院依照宪法第四十六条、最高人民法院〔2001〕法释25号批复以及《中华人民共和国民事诉讼法》第一百五十三条第一款第三项的规定，于2001年8月23日判决：

一、维持一审民事判决第一项、第二项、第三项。

二、撤销一审民事判决第四项、第五项、第六项。

三、被上诉人陈晓琪、陈克政于收到本判决书之日起10日内，赔偿上诉人齐玉苓因受教育的权利被侵犯造成的直接经济损失7000元，被上诉人济宁商校、滕州八中、滕州教委承担连带赔偿责任。

四、被上诉人陈晓琪、陈克政于收到本判决书之日起10日内，赔偿上诉人齐玉苓因受教育的权利被侵犯造成的间接经济损失（按陈晓琪以齐玉苓名义领取的工资扣除最低生活保障费后计算，自1993年8月计算至陈晓琪停止使用齐玉苓姓名时止；其中1993年8月至2001年8月，共计41045元），被上诉机构济宁商校、滕州八中、滕州教委承担连带赔偿责任。

五、被上诉人及机构陈晓琪、陈克政、济宁商校、滕州八中、滕州教委于收到本判决书之日起10日内，赔偿上诉人齐玉苓精神损害费50000元。

六、驳回上诉人齐玉苓的其他诉讼请求。

最高人民法院做出的解释，在某种意义上来说，实际上是一个混合体。这样，既适用了宪法，又使公民的民事责任落到实处。不过仅就批复的名称本身来看，最高人民法院还是将原告齐玉苓因被告陈晓琪等的行为而被侵犯的权利定性为受教育权。最高人民法院在齐玉苓诉陈晓琪等案中的做法是有创造性的，从以前宪法不能被法院在司法实践中予以适用，宪法条文在判决书中不能被引用，到宪法可以直接走入诉讼，"宪法司法化"被司法实践所认可。这是一大历史进步，这也是我们法学理论发展和法治发展的结果。但不久之后，最高人民法院发布公告废止了关于齐玉苓案的批复，宪法司法化似乎戛然而止了。

伴随着中国法治实践的不停探索，中国取得了法治建设的重大成果，姓名权的发展也取得了丰硕的成果。伴随着时代的呼声和诉求，相关法律法规也做出了相应的调整，最高院也公布了行政指导案例。例如，2017年3月15日新出台的《民法总则》第一百一十条第一款规定：自然人享有生命权、身体权、健康权、姓名权、肖像权、名誉权、荣誉权、隐私权、婚姻自主权等权利。《婚姻法》第二十二条明确规定：子女可以随父姓，可以随母姓。围绕着社会法治实践中关于姓名权的争议，全国人民代表大会常务委员会关于《中华人民共和国民法通则》第九十九条第一款《中华人民共和国婚姻法》第二十二条明确做出解释：公民依法享有姓名权。公民行使姓名权，还应当尊重社会公德，不得损害社会公共利益。

"北雁云依"诉济南市公安局历下区分局燕山派出所公安行政登记案①

基本案情：

父亲吕晓峰与母亲张瑞峥为女儿取名"北雁云依"，以"北雁"为姓，"云依"为名。2009年2月，吕晓峰为女儿办理户口登记时却被民警告知女儿应该随父亲或者母亲的姓，但是吕晓峰始终坚持以"北雁云依"作为女儿的姓名，遂遭到派出所的拒绝。吕晓峰认为派出所侵犯了其女儿的姓名权，遂以被监护人"北雁云依"的名义向人民法院提起行政诉讼。

法院审理情况：

原告"北雁云依"法定代理人吕晓峰诉称：其妻张瑞峥在医院产下一女取名"北雁云依"，并办理了出生证明和计划生育服务手

---

① 指导案例89号：最高人民法院审判委员会讨论通过，2017年11月15日发布。

册新生儿落户备查登记。为女儿办理户口登记时，被告济南市公安局历下区分局燕山派出所（以下简称燕山派出所）不予上户口。理由是孩子姓氏必须随父姓或母姓，即姓"吕"或姓"张"。根据《中华人民共和国婚姻法》（以下简称《婚姻法》）和《中华人民共和国民法通则》（以下简称《民法通则》）关于姓名权的规定，请求法院判令确认被告拒绝以"北雁云依"为姓名办理户口登记的行为违法。

被告燕山派出所辩称：依据法律和上级文件的规定不按"北雁云依"进行户口登记的行为是正确的。《民法通则》规定公民享有姓名权，但没有具体规定。而2009年12月23日最高人民法院举行新闻发布会，关于夫妻离异后子女更改姓氏问题的答复中称，《婚姻法》第二十二条是我国法律对子女姓氏问题作出的专门规定，该条规定子女可以随父姓，可以随母姓，没有规定可以随第三姓。行政机关应当依法行政，法律没有明确规定的行为，行政机关就不能实施，原告和行政机关都无权对法律作出扩大化解释，这就意味着子女只有随父姓或者随母姓两种选择。从另一个角度讲，法律确认姓名权是为了使公民能以文字符号即姓名明确区别于他人，实现自己的人格和权利。姓名权和其他权利一样，受到法律的限制而不可滥用。新生婴儿随父姓、随母姓是中华民族的传统习俗，这种习俗标志着血缘关系，随父姓或者随母姓，都是有血缘关系的，可以在很大程度上避免近亲结婚，但是姓第三姓，则与这种传统习俗、与姓的本意相违背。全国各地公安机关在执行《婚姻法》第二十二条关于子女姓氏的问题上，标准都是一致的，即子女应当随父姓或者随母姓。综上所述，拒绝原告法定代理人以"北雁云依"的姓名为原告申报户口登记的行为正确，恳请人民法院依法驳回原告的诉讼请求。

法院经审理查明：

原告"北雁云依"出生于 2009 年 1 月 25 日，其父亲名为吕晓峰，母亲名为张瑞峥。因酷爱诗词歌赋和中国传统文化，吕晓峰、张瑞峥夫妇二人决定给爱女起名为"北雁云依"，并以"北雁云依"为名办理了新生儿出生证明和计划生育服务手册新生儿落户备查登记。2009 年 2 月，吕晓峰前往燕山派出所为女儿申请办理户口登记，被民警告知拟被登记人员的姓氏应当随父姓或者母姓，即姓"吕"或者"张"，否则不符合办理出生登记条件。因吕晓峰坚持以"北雁云依"为姓名为女儿申请户口登记，被告燕山派出所遂依照《婚姻法》第二十二条之规定，于当日作出拒绝办理户口登记的具体行政行为。

该案经过两次公开开庭审理，原告"北雁云依"法定代理人吕晓峰在庭审中称：其为女儿选取的"北雁云依"之姓名，"北雁"是姓，"云依"是名。

因案件涉及法律适用问题，需送请有关机关作出解释或者确认，该案于 2010 年 3 月 11 日裁定中止审理，中止事由消除后，该案于 2015 年 4 月 21 日恢复审理。

裁判结果：

济南市历下区人民法院于 2015 年 4 月 25 日作出〔2010〕历行初字第 4 号行政判决：驳回原告"北雁云依"要求确认被告燕山派出所拒绝以"北雁云依"为姓名办理户口登记行为违法的诉讼请求。

一审宣判并送达后，原被告双方均未提出上诉，本判决已发生法律效力。

裁判理由：

法院生效裁判认为：2014 年 11 月 1 日，第十二届全国人民代表大会常务委员会第十一次会议通过了《全国人民代表大会常务委员会关于〈中华人民共和国民法通则〉第九十九条第一款、〈中华人民共和国婚姻法〉第二十二条的解释》。该立法解释规定："公民依法享有姓名权。公民行使姓名权，还应当尊重社会公德，不得损害社会公共利益。公民原则上应当随父姓或者母姓。有下列情形之一的，可以在父姓和母姓之外选取姓氏：（一）选取其他直系长辈血亲的姓氏；（二）因由法定扶养人以外的人抚养而选取抚养人姓氏；（三）有不违反公序良俗的其他正当理由。少数民族公民的姓氏可以遵从本民族的文化传统和风俗习惯。"

本案不存在选取其他直系长辈血亲姓氏或者选取法定扶养人以外的抚养人姓氏的情形，案件的焦点就在于原告法定代理人吕晓峰提出的理由是否符合上述立法解释第二款第三项规定的"有不违反公序良俗的其他正当理由"。首先，从社会管理和发展的角度，子女承袭父母姓氏有利于提高社会管理效率，便于管理机关和其他社会成员对姓氏使用人的主要社会关系进行初步判断。倘若允许随意选取姓氏甚至恣意创造姓氏，则会增加社会管理成本，不利于社会和他人，不利于维护社会秩序和实现社会的良性管控，而且极易使社会管理出现混乱，增加社会管理的风险性和不确定性。其次，公民选取姓氏涉及公序良俗。在中华传统文化中，"姓名"中的"姓"，即姓氏，主要来源于客观上的承袭，系先祖所传，承载了对先祖的敬重、对家庭的热爱等，体现着血缘传承、伦理秩序和文化传统。而"名"则源于主观创造，为父母所授，承载了个人喜好、人格特征、长辈愿望等。公民对姓氏传承的重视和尊崇，不仅仅体现了血缘关系、亲属关系，更承载着丰富的文化传统、伦理观念、人文情怀，符合主流价值观念,是中华民族向心力、凝聚力的载体和镜像。公民原则上随父姓或者母姓,符合中华传统文化和伦理观念,符合绝大多数公民的意愿和实际做法。反之,如果任由公民仅凭个人意愿喜好,随意选取姓氏甚至自创姓氏,则会造成对文化传统和伦理观念的冲击,违背社会善良风俗和一般道德要求。再次,公民依法享有姓名权,公民行使姓名权属于民事活动,既应当依照《民法通则》第九十九条第一款和《婚姻法》第二十二条的规定,还应当遵守《民法通则》第七条的规定,即应当尊重社会公德,不得损害社会公共利益。通常情况下,在父姓和母姓之外选取姓氏的行为,主要存在于实际抚养关系发生变动、有利于未成年人身心健康、维护个人人格尊严等情形。本案中,原告"北雁云依"的父母自创"北雁"为姓氏、选取"北雁云依"为姓名给女儿办理户口登记的理由是"我女儿姓名'北雁云依'四字,取自四首著名的中国古典诗词,寓意父母对女儿的美好祝愿"。此理由仅凭个人喜好愿望并创设姓氏,具有明显的随意性,不符合立法解释第二款第三项的情形,不应给予支持。

  对于本案来讲,法院的判决依据是人大常委会的立法解释。该解释第一款指出了姓名权的界限,以社会公德和社会公共利益作为行使姓名权不可触碰的红线。可以看出,只有在不损害社会利益的情况下,个人利益即所谓的姓名权才受到保护。如果允许个人随喜好任意创设姓氏不仅损害了公众的认知而且还会导致人们纷纷效仿,对社会造成不良影响。法律具有明确的指引性和导向性,当这种社会不良风气蔓延时,应该及时制止,但是如何认定某种行为造成的是不良影响就要依据社会共同的价值取向来抉择。从公序良俗角度来看,在现有科技条件下一个新的姓氏出现无疑会增加社会管理成本。如果任由自然人随意创设姓氏，不仅会减损姓氏文化的影响力，而且还对伦理道德观念造成巨大冲击，不利于已经形成的良好管控秩序。此外，以"北雁"为姓氏还要有正当理由，根据"北雁云依"父亲的陈述，对于姓名的选取只是基于他们对子女美好的祝愿，这个理由很牵强，只能看作是个人的好恶，很明显这种姓氏的创设具有随意性，不能成为法律规定所要求的正当理由。

伴随着中国特色社会主义法治的不断发展，姓名权的保护也有了新的发展。2018年8月27日，《民法典各分编（草案）》提请十三届全国人大常委会第五次会议审议。全国人大常委会法制工作委员会主任沈春耀在作草案说明时表示，经研究，《民法典各分编（草案）》设有六编：物权编、合同编、人格权编、婚姻家庭编、继承编、侵权责任编，"保护人格权、维护人格尊严，是我国法治建设的重要任务，在民法典中增加人格权编是较为妥当、可取的。"草案中规定了姓名权、名称权的基本内容，并对民事主体尊重保护他人姓名权、名称权的基本义务作了规定。由此我们可以看出，作为宪法保护的人格权，在实践中通过姓名权的发展和探索，体现出了鲜明的时代特色和实践特色。

（3）党的十八届四中全会第二次全体会议上，习近平提出三个时代之问，其中之一就是如何跳出历史周期律，实现党的长期执政。面对长期以来的疑问，例如，党的领导和法治之间到底是什么关系？党大还是法大等尖锐问题，总书记以高瞻远瞩的战略思维和精准练达的辩证思维回答了这一问题。"党政军民学、东西南北中，党是领导一切的。"社会主义法治必须坚持党的领导，此次修宪坚持党的领导这一修改原则，为《宪法》修改指明了正确方向、提供了基本保障。

而所谓的"党大还是法大"是伪命题，真命题是"权大还是法大"。

举例来说，我国的法治建设有一个不容回避的挑战就是，当前在我国统一法域范围内，全世界由于法律传统和法文化不同形成了五大法系，而这五大法系的影响在我国同时存在。中国很自豪，在唐朝时期，形成了以唐律疏议为代表的中华法系，对整个东亚地区影响深远。而在中华优秀传统法治文化滋养下，我国现在是社会主义法系，党的十九大报告原文提到建设中国特色社会主义法治体系。我国是一个统一的多民族国家，为尊重少数民族风俗习惯，我国实行民族区域自治，颁布的是自治条例和单行条例。民族宗教事务中，影响较为深远的是两大宗教教义为主的法系，分别是以摩奴法典为代表的印度法系和以古兰经为代表的伊斯兰法系。在我国"一国两制"的香港，是英美法系；澳门受原殖民宗主国葡萄牙影响，属于大陆法系的拉丁一支；台湾地区，法律传统受德国、日本法律影响，"二战"后受美国影响甚深。

因此，很多西方法学家说中国是法治全球化的天然"实验室"。对中国的这条特色法治发展道路，很多西方法学家态度很矛盾，一方面期待在中国实现前所未有的全球法治文化融合，实现世界法治发展的新突破；另一方面又惧怕这一天的到来，因为如此大体量的中国，如果真的找到良性发展的法治融合方案，未来的发展成就更是无法估量。尤其是当前全球化浪潮下，面对愈加复杂的国际国内形势，面临前所未有的改革发展稳定任务，我们看似在处理一国法治发展问题，其实我们是在全世界五大法系的制度和文化博弈中，探求中国方案。这个风险和挑战可想而知，可以说是牵一发而动全身。

我们以香港为例，1997年香港回归，从1999年开始，全国人大常委会先后于 1999 年、2004 年、2005 年、2011 年、2016 年分别围绕居留权问题、普选问题、新的行政长官问题、国家豁免问题和宣誓制度进行基本法解释，每一次都不是一帆风顺，甚至引起轩然大波。2016 年宣誓制度的释法，就上演了一场闹剧。

2016 年，全国人大常委会对《香港基本法》第 104 条进行解释，香港特别行政区行政长官、主要官员、行政会议成员、立法会议员、各级法院法官和其他司法人员在就职时必须依法宣誓拥护中华人民共和国香港特别行政区基本法，效忠中华人民共和国香港特别行政区。公职人员宣誓取得法定资格是国际惯例，更是《宪法》实施最重要的途径，未经宣誓无法取得公职人员法定资格。①

2016 年 10 月 12 日，香港立法会补选的四名议员为罗冠聪、梁国雄、刘小丽、姚松炎。在宣誓过程中，原本 90 多字的誓词，刘小丽念了 17 分钟。在面对媒体采访时，刘小丽说："我所读的是 90 多个没有串联的独立字句、毫无连贯性及意义可言，一切意义纯是观众自行分句、主观判断的臆测而已。我之所以要慢读，就是要彰显誓词的虚妄。"这场"闹剧"直到 2017 年 7 月 14 日才基本落下帷幕，香港高等法院宣判，法官裁定罗冠聪、梁国雄、刘小丽、姚松炎宣誓无效，撤销他们的议员资格，追溯至 2016 年 10 月 12 日补选日生效，同时四人还须向律政司支付高额诉讼费。根据我国《宪法》第三十一条，全国人大常委会对香港基本法的解释是《宪法》作为根本法、最高法的法律实施的具体体现。"立法会宣誓风波"这个案子生动形象地让我们感受到全面依法治国实施推进中面临的中国特色

---

① 江雪松、蔡道通：《就职宣誓的仪式法理与国家治理现代化——以香港就职宣誓制度为例》，《社会主义研究》2019 年 2 月 10 日。

国情与巨大政治性挑战。

2018年11月12日，习近平会见香港、澳门庆祝改革开放40周年访问团时强调指出，在新时代国家改革开放进程中，香港、澳门仍然具有特殊地位和独特优势，仍然可以发挥不可替代的作用。"一国两制"是最大优势，改革开放是最大舞台，在国家扩大对外开放的过程中，港澳的地位和作用只会加强不会减弱。

我们从中感受到了以习近平同志为核心的党中央坚持依宪治国的政治决心，我们各级领导干部在坚定中国特色宪法道路的同时，也找到了制胜法宝，那就是坚持党对一切工作的领导。2018年，《宪法修正案》明确将"中国共产党的领导是中国特色社会主义最本质的特征"写入《宪法》总纲第一条第二款，这是我们走好这条特色宪法发展之路的制胜法宝、是中国特色社会主义的法治之魂，是社会主义法治最根本的保证。

当前，我国正处在大发展、大变革、大调整时期，面对改革开放和新时代中国特色社会主义发展过程中国际国内大局的深刻变化、价值观念差异和复杂的社会思潮，面对全世界不同国家文化价值较量交锋的新态势，充分发挥宪法在改革、发展、开放进程中的引领作用具有重要现实意义和深远历史意义。

四、提升运用《宪法》思维解决问题的能力

习近平总书记明确要求：把《宪法》实施提高到新的水平，坚持

从领导干部抓起。党员领导干部作为中国共产党执政的主要实施者，是社会中的特殊群体，我们的《宪法》意识直接关系到《宪法》的权威与实施，更决定了党的执政地位与执政水平，因此，加强《宪法》学习教育必须抓住领导干部这个"关键少数"。

思维直接支配行为，人有什么样的思维就有什么样的行为。《宪法》是根本法，是最高法，宪法是有效规范国家、社会、个人的权利义务边界的行为规范，因而我们要依宪治国、要依宪执政，就要培养关键群体的各级党员领导干部的《宪法》思维，这就要求我们必须坚定四个自信，加强领导干部的《宪法》学习、增强《宪法》意识、运用法治思维，使尊崇宪法、遵守宪法、维护宪法、捍卫宪法成为行动自觉，为全面推进改革开放提供强大保证力、推动力和执行力。

（一）领导干部学习《宪法》，要学什么？怎么学？

我们说，改革开放本质上就是简政放权，让个人和社会获得更多的权利和自由，以实现国家、社会、个人三者分离。因此，需要通过根本法的形式明确三者之间的权利义务边界。也就是说，即便是国家在限制社会和个人权利时，也必须具有正当的《宪法》理由以及在合理限度之内。这就是《宪法》制度设计的平等原则以及充分的民意表达机制。在改革开放过程中，个人和社会获得了越来越多的权利和自由，"有权力就必须有救济""没有救济的权利并不是权利"，权利救济包括法律救济，以及《宪法》救济。《宪法》救济就是"合宪性审查"，这也是《宪法》实施的最重要表现形式。

2015年《立法法》做出修改，设区的市在不同上位法相抵触的前提下，拥有地方立法权。这项立法成果也确认到了2018年的《宪法修正案》之中。这项举措充分体现了良法善治的要求，充分发挥了地方立法的权限，各设区的市可以根据发展水平制定符合地方发展实际、回应当地人民需求的地方性法规。在法治的实践探索中，发生了"孙志刚""成都唐福珍暴力抗拒拆迁案"等，这些案件以血的代价换来《宪法》学界的深入思考，在国家加大地方立法活力的同时，我们首先要确保良法善治，良法的保障——立法机关对已有法律法规的清理，不合时宜、不符合上位法精神和原则，甚至是违反《宪法》基本原则和精神的条文更是要及时清理废止，也就是我们说的"合宪性审查"制度。

党的十九大报告中明确提出："加强《宪法》实施和监督，推进合宪性审查工作，维护宪法权威。"怎么推进？国外有几种模式：美国的基层法院审查、德国的宪法法院、法国的宪法委员会、英国的软性审查等，曾经也有《宪法》学者曾经试图对这几种影响力较大的违宪审查模式进行分析论证，看我国是否可以模仿或者借鉴，但是实践中发现都不符合中国的国情。

大家比较关注的是中国十大宪法案例之一的"齐玉苓案"。作为实体法依据，该判决引用了《宪法》第46条，《教育法》第9条、第81条的规定。这一判决突破了我国不得直接引用《宪法》条文作为民刑裁判依据的司法惯例，在理论和实务界引起强烈反响，被誉为"开创了我国宪法司法化的先例""具有里程碑式的意义"。[①]

[①] 张建文：《新兴权利保护的基本权利路径》，《河北法学》2019年1月3日。

宪法学界有很多学者在思考一个问题：宪法可否司法化？我们知道美国1954年有一个著名的"布朗案判决"，1954年美国联邦最高法院在"布朗诉托披克教育管理委员会案"的判决中，宣布种族隔离违反了《宪法修正案》第14条的"平等保护"条款，从而推翻了自1896年以来所实行的"隔离但平等"的判例原则。而美国违宪司法审查模式是以司法权监督立法权的，我们要清楚地知道，这一模式的制度根源在于"三权分立"，而这一模式的前提条件就是"宪法司法化"，就是宪法一定要进入联邦最高法院的司法审查环节。

相较之下，我国《宪法》明确规定，中国政体是人民代表大会制度，国家最高权力机关是全国人民代表大会，《宪法》的修改，由全国人民代表大会常务委员会或者1/5以上的全国人民代表大会代表提议，并由全国人民代表大会以全体代表的2/3以上的多数通过。这就意味着，我国的政体明显区别于西方的"三权分立"，因此这种路径在我国没有制度文化的土壤，是行不通的。那么，如何才能走出一条适合中国国情的特色合宪性审查道路呢？我们留意到，党的十九届三中全会做出了一项重要的机构改革决定，把"全国人民代表大会法律委员会"更名为"全国人民代表大会宪法和法律委员会"，这一改革举措也让我们找到了一条合宪性审查的中国模式和中国路径。所以我们学习《宪法》，首先就是要了解中国法治国情和土壤文化，牢牢把握以人民为中心的宗旨，坚定信心地走好我们中国的特色发展道路，坚定道路自信。总书记讲，道路决定方向，道路决定命运。要把实施《宪法》提高到新的水平，"必须走对路。如果路走错了，南辕北辙了，那再提什么理念、要求和举措也都失去意义了"。

在党的十三届全国人大二次会议上，全国人大常委会委员长栗战书作全国人大常委会工作报告。栗战书指出，2018年，全国人大常委会共审查报送备案的行政法规40件、地方性法规1180件、司法解释18件，认真研究公民、组织提出的审查建议1229件，督促有关方面依法撤销和纠正与《宪法》法律相抵触的规范性文件。① 2019年，将加强备案审查工作，建成全国统一的备案审查信息平台，推动地方人大信息平台延伸到设区的市、自治州、自治县。可以说，在合宪性审查道路的探索上，中国走出了一条明显区别于西方的特色之路。

（二）提升领导干部的法治思维，使运用《宪法》成为行动自觉，为全面推进改革开放提供强大执行力

祁连山是中国西部重要生态安全屏障，是黄河流域重要水源产流地，是中国生物多样性保护优先区域，国家早在1988年就批准设立了甘肃祁连山国家级自然保护区。因矿藏、水资源富集，近年来，祁连山局部生态遭到人为破坏。

中办、国办对祁连山生态环境问题通报后，全国人大常委会履行《宪法》法律赋予的规范性文件备案审查职责，对出现故意放水、降低标准、管控不严等问题的生态领域地方性法规进行专项审查研究，积极推动各地进行全面清理。2017年7月，中办、国办就甘肃祁连山国家级自然保护区生态环境问题向社会通报，指出地方立法层面为破坏生态行为"放水"。其中，《甘肃祁连山国家级自然保护

---

① 栗战书：《全国人民代表大会常务委员会工作报告——2019年3月8日在第十三届全国人民代表大会第二次会议上》，《中国人大》2019年3月20日。

区管理条例》将国务院公布实施的自然保护区条例禁止的10类活动缩减为3类,而这3类都是近年来发生频次少、基本已得到控制的事项,其他7类恰恰是频繁发生且对生态环境破坏明显的事项。

通报发布后,全国人大常委会法制工作委员会立即启动了专项审查研究。初步统计显示,专门规定自然保护区生态环境保护的地方性法规共49件,其中既有省级地方性法规,也有市级地方性法规,还有自治地方的单行条例,涉及地方多、范围广。"通过审查发现,其中有36件地方性法规存在与环境保护法和《中华人民共和国自然保护区条例》相关规定不一致的问题。"法工委法规备案审查室主任梁鹰说,有的地方对10类禁止性活动完全没有做出规定,或对绝大多数活动未做禁止性规定,有的地方规定表述含糊,打"擦边球",遗漏了个别禁止性活动。

2017年9月,法工委向各省区市人大常委会发函,要求凡是涉及生态环保方面的地方性法规,都要对照上位法,对故意放水、降低标准、管控不严等规定进行清理。截至目前,法工委陆续收到北京、天津、吉林、江苏、安徽、山东、河南、湖北、广西、海南、重庆、贵州、西藏、陕西、青海、宁夏等地方自查和清理的情况反馈。其中,天津已经通过"打包修改"方式,对2项法规进行修改;宁夏已修改1项法规;北京对7项发现存在问题的法规,拟于2018年3月提请地方立法机关修改;山东拟对30多项需要清理的省级法规、48项设区的市法规进行修改、废止;海南、重庆等多地也都将存在问题的法规列入2018年立法计划或规划,做出修改或废止的处理。

截至2017年底,有21个省区市及部分设区的市在内,已修改相关地方性法规26项,拟修改或废止384项。

全国人大常委会通过启动专项审查，积极推进地方生态领域法规的全面清理，发现并纠正一批不符合上位法规定和生态文明建设要求的问题，切实维护《宪法》法律权威，推动落实中央决策部署。

同时也刮起了问责风暴，截至 2018 年 3 月，甘肃省先后有 100 名党政干部受到问责，其中副省级干部 3 人、厅局级干部 21 人、县处级干部 44 人。问责范围之广、人数之多、力度之大，在甘肃尚属首次。

各级党员领导干部在坚定走好中国特色宪法发展道路的同时，更要在改革开放中增强宪法意识，让遵守宪法成为我们的行动自觉。所以为什么我们今天要充满四个自信，敢于用改革开放 40 多年的法治发展成果和西方 400 年的法治发展成果博弈，因为表面是 40 年，可是背后我们拥有的是 5000 年的文化历史积淀，和党带领人民选择的这条正确的道路——中国特色社会主义法治发展道路。

习近平总书记说：鞋子合不合脚，自己穿着才知道。中国的问题只有中国人自己可以解决。我们在全面推进依法治国进程中，提出"依法治国和以德治国相结合"，将社会主义核心价值观入宪，将中国传统道家、儒家、法家文化的精髓完美融合。我们通过党的十九届三中全会的机构改革，将全国人大法律委员会修改为全国人大宪法和法律委员会，走出了一条独具中国特色的合宪性审查之路。

领导干部增强宪法意识，关键要从思想上充分认识、高度认同《宪法》是国家的根本大法，是治国安邦的总章程，具有最高的法律地位、法律权威、法律效力，具有根本性、全局性、稳定性、长期性。只有树立这样的思想观念，领导干部才能以《宪法》为根本活动准则，切实担负起维护《宪法》权威、保证《宪法》实施的职责，为全面依法治国营造良好环境。作为各级党员领导干部，在全面深化改革、全面推进依法治国伟大实践中，要坚定中国共产党的领导，充分发挥《宪法》的引领作用，以中国特色社会主义《宪法》彰显四个自信，昂首走出一条有中国特色的《宪法》发展道路，培育滋养有中国特色的社会主义《宪法》文化土壤，以此实现全面推进依法治国战略目标，为改革开放保驾护航。

第四章 完善行政立法 加强合宪性审查

习近平总书记在党的十九大报告中明确指出:"加强宪法实施和监督,推进合宪性审查工作,维护宪法权威。"2018年3月11日,第十三届全国人民代表大会第一次会议审议通过《中华人民共和国宪法修正案》,在《宪法》第一百条增加第二款"设区的市的人民代表大会和它们的常务委员会,在不同宪法、法律、行政法规和本省、自治区的地方性法规相抵触的前提下,可以依照法律规定制定地方性法规,报本省、自治区人民代表大会常务委员会批准后施行",将2015年3月《立法法》修改的实践成果写入《宪法》。①

2015年《立法法》修改后,有权制定地方性法规的市一级人大及其常委会就将达到300个,以辽宁为例,辽宁省14个市全部拥有了地方立法权,地方性法规数量大大增加。地方立法权的扩容给当前合宪性审查制度带来了巨大挑战,如何更加完整和透彻地研究地方立法权扩容后带来的中国特色合宪性审查制度问题,完善独具中国特色的合宪性审查制度,处理好在地方立法权扩容的背景下"中央统一领导"和"发挥地方的主动性、积极性"之间的关系,是站

---

① 郑毅:《"谨慎放权"意图与设区的市地方性法规制定权实施——基于〈宪法〉第100条第2款的考察》,《当代法学》2019年5月10日。

在新时代新起点亟待解决的重大课题。

中共中央政治局委员、全国人大常委会副委员长王晨在上海就加强地方立法工作进行调研时强调指出,要坚持以习近平新时代中国特色社会主义思想为指导,贯彻全面依法治国要求,紧密结合地方实际,加强新时代地方立法工作,以高质量立法推动高质量发展。加强新时代地方立法工作,要深入学习贯彻习近平总书记全面依法治国新理念、新思想、新战略,始终坚持正确政治方向,把党的领导贯彻到立法工作全过程和各方面。长三角区域一体化发展是党中央确定的重大国家战略,要加强区域立法工作协同,不断提高立法质量和效率,推动党中央重大决策部署贯彻落实。要坚持以人民为中心,发挥地方立法的独特作用,推动解决百姓关心的民生问题,增强人民群众的获得感。2019年是省级人大及其常委会行使地方立法权40年,要总结地方立法经验,研究新情况新问题,为建设中国特色社会主义法治体系、建设社会主义法治国家做出新贡献。①

一、加强合宪性审查工作的重大意义

(一)合宪性审查有助于树立《宪法》权威

《宪法》是我国的根本法,处于法律体系中的最高地位。《宪法》

---

① 王晨:《加强新时代地方立法工作以高质量立法推动高质量发展》,新华网,www.xinhuanet.com/2019-05/18/c_1124512662.htm,2019年5月18日。

的制定实施，要求一切法律应以其为基础，不得与其发生冲突，这是保障《宪法》权威与尊严的基本要求。因此，合宪性审查工作的构建，是为了增强公职人员的《宪法》意识，在规范的政治道德中，建立具有中国特色的合宪性审查制度，以实现对《宪法》权威与尊严的维护。从《宪法》实施实践发现，《宪法》权威地位的削弱，会导致国家公权力的滥用，并演化为国家核心利益的损失，严重威胁国家治理。我国是社会主义国家，《宪法》明确规定人民代表大会制度、社会主义市场经济制度，并根据《宪法》范畴规定了各级党政机关的职权、人民的基本权利和义务。合宪性审查制度的建立，是保障人民权利，维护《宪法》权威的集中体现。

（二）合宪性审查有助于维护国家法制统一

在全面依法治国的大背景之下，形成完备的法律规范体系是推进合宪性审查机制的重要基础。任何一个国家，在实现国家治理中，都会制定林林总总的法律，这些法律或有《宪法》争议或有违反《宪法》的情形，这就要求形成相应的解决机制，确保《宪法》作为根本法的重要地位。合宪性审查制度是以《宪法》为主体地位的，维护法制统一的根本保障，对于《宪法》争议、违反《宪法》规定等问题，能够实现根本性解决。从实践可以发现，合宪性审查制度为解决违反《宪法》的问题，提供了宪法化的解决框架，强调法律问题宪法化的基本要求，积极推进政治问题宪法化的改革进程，这是新时期法治国家建设的内在需求，更是维护国家法制统一的根本保障，应在新的时代背景下得到有效实践。

（三）合宪性审查有助于增强国家治理能力

国家治理能力的提升，直接关系到国家稳定发展的向前推进。面对日益复杂的社会矛盾，如何在依法治国的视域之下，构建和谐、公平的社会治理环境，要求推进合宪性审查，保障公民的合法权益，为公共政策、立法等的工作开展，提供规范化的法律保障。合宪性审查的出发点，不仅是对违反《宪法》现象的规避，同时也是《宪法》实施的保障机制，是实现国家公权力合法化的正当实施，合宪性审查制度的建立为巩固党的领导、提高国家治理能力、开展国家治理行为、建立合宪性国家治理体系提供《宪法》依据，具有重要的现实意义，应在国家发展建设中得到体现。

二、推进合宪性审查工作面临的挑战

2017年7月，辽宁省人民政府办公厅下发了《辽宁省地方性法规、政府规章和规范性文件清理工作方案》，对制定的规章、规范性文件和政府提案的地方性法规进行全面集中清理，同时组织对不符合生态文明建设和环境保护要求的地方性法规、政府规章和规范性文件进行专项清理。

如表4-1所示，辽宁省人大常委会在2015年1月至2017年5月期间，共接收报送备案的规范性文件360件。其中省政府报送备案的规章 25 件、其他规范性文件 208 件；各市政府报送备案的规章 86 件；各市人大常委会报送备案的决议、决定等规范性文件 41 件。从执行备案程序形式要件要求方面看，报备率 100%，及时率 94.7%；从纠错结果看，369 件各类规范性文件有 6 件存在问题，占比 1.6%。从调研结果看，虽然总体上看规范性文件质量良好，但持续性做好备案审查工作，还需要着力解决合宪性审查工作推进中面临的普遍性问题。

表 4-1 辽宁省人大常委会接收报送备案的规范性文件数量统计

单位：件

年份 类型	2015	2016	2017
省政府规章	7	6	12
省政府其他规范性文件	74	86	48
各市政府规章	27	27	32
各市人大决议决定	10	20	11
总数	118	139	103

（一）新形势下合宪性审查工作的重要性认识不够

新形势下对合宪性审查制度和工作的重要意义认识不深、重视不够的问题在一定程度上仍然存在。备案审查机构紧密围绕全省大局和省委中心工作开展重点和全面审查的意识不强、视野不宽，社会公众对规范性文件备案审查工作的认知程度不高，主动参与备案审查的意识还不普遍。

（二）备案审查制度建设仍有待规范

（1）备案范围需进一步细化。虽然《立法法》第 72 条将设区的市的立法范围予以限制，但是实践中对部分核心概念的内涵以及法律解释仍然存在争议。例如，部分条文中的"等"，在法律上存在"等内等""等外等"两种解释方法，而这两种方法解释的法律意义大不相同。虽然"法律对设区的市制定地方性法规的事项另有规定的，从其规定"，但是辽宁省各市在城市建设、经济发展、历史人文等方面的地方性法规数量占比有所不同，狭义的立法解释无法满足各市不同领域地方的立法需求，这与中央所提出的"良法善治"、提升地方社会治理效果的要求不相适应。[①]

（2）报送备案不规范、不及时甚至漏报的情况仍有发生。文件制定机关存在对文件性质、类别甄别不细、应否报备把关不严、报备不及时、对与法律法规保持一致把握不准的情形。通过对辽宁省实地调研数据显示，部分地区仍然存在着制定机关超越立法权限、部分立法内容突破上位法规定等问题。为了切实解决这类不规范的情况，应该建立健全常态化清理机制。

（3）审查标准、程序和督促纠正机制等不够明确规范。审查监督过程中仍存在监督主体多元、监督程序不清、监督实效不足等问题，有的地区将地方性法规和地方政府规章的监督主体设置为两个，实

---

① 曾焱：《论〈立法法〉修改背景下地方立法权的扩容》，《东莞理工学院学报》2017 年 8 月 15 日。

践中未规定具体实行监督审查的情形和责任归属，因此容易出现机构间的相互推诿。《立法法》未明确规定地方性法规、规章的审查时限，而仅仅规定"应当在公布后三十日内报有关机关备案"，这样的规定给实践中备案机关不作为留下了可能性空间。

（4）有关制度刚性不足，约束力不强。有备必审、有错必纠仍需进一步落实。实践调研中发现，我国现有的法律制度没有规定地方立法监督过程中监督主体的责任机制。缺乏监督机构的立法监督责任规定，有权必有责，权责相统一，没有配套惩罚措施的规则难以起到应有的约束作用。由于国家层面缺乏查究各种违反《宪法》行为的必要措施，所以辽宁省对违反《宪法》的行为和现象的查究力度，尤其是在政治上、法律上、行政上追责力度略显不足，有些违反《宪法》的行为是在上级国家机关干预或社会公众曝光以后才予以纠正的，这在很大程度上影响了现行审查制度工作推进的社会效果。

（三）备案审查队伍建设和能力建设有待增强

当前，备案审查工作任务明显增多，备案审查难度明显增大，立法人员的队伍建设无法与辽宁省各市立法需求相匹配，由于设区的市制定的地方性法规须报省级人大常委会批准后方可施行，省级人大常委会也正在面临审查地方性法规的工作人员严重不足的问题。同时，立法活动对立法人员能力素质也提出了较高要求，需要准确把握理论前沿与政策前沿，更要对立法所涉及实践前沿领域的发展脉络做到心中有数，这对于经济水平一般的市而言，要求较高。

（四）经请求启动合宪性审查比例较低

以大连为例，2013~2017年五年间，共收到报送的规范性文件103件，其中政府规章18件、其他规范性文件75件、采用督促制定机关自行修改的方式修改和废止规章4件、收到公民提出的审查建议6件。通过近5年的调研可以明显看出，依申请启动合宪性审查的建议比例占比较低，而且就具体监督内容看，经申请启动的合宪性审查主要侧重于对法律、法规的合宪性审查，对其他具体行为提起的合宪性审查不够有力，合宪性审查对象具有较大的局限性。从国家法律层面看，我国《宪法》序言和《宪法》第5条虽然规定"一切国家机关和武装力量、各政党和各社会团体、各企业事业组织都必须遵守宪法和法律。一切违反宪法和法律的行为，必须予以追究。任何组织或个人都不得有超越宪法和法律的特权"，《宪法》第62条和第67条虽然也明确规定全国人大和全国人大常委会的职权之一是"监督宪法的实施"，但实践中由公民申请启动合宪性审查的比例仍然较低，提请的程序还有待进一步完善。

三、推进合宪性审查的对策建议

加快完善辽宁省地方立法监督机制，推动新时代辽宁省合宪性审查机制动态化运行，展现地方立法监督机制的"辽宁活力"，建议

从以下几方面着手:

(一) 坚定四个自信,为合宪性审查打造"中国特色"

站在新时代的新起点,推进合宪性审查工作,必须坚定道路自信、理论自信、制度自信和文化自信,充分体现制度的"中国特色"。通过合宪性审查维护《宪法》权威是现代法治国家的通行做法,目前世界范围内影响力较大的几种形式主要有:以美国为代表的普通法院司法审查制、以德国为代表的宪法法院审查制、以法国为代表的宪法委员会审查制和以英国为代表的柔性违宪审查制。

(1) 以美国为代表的普通法院司法审查制。美国合宪性审查制度被称作"司法审查制",它的基本特征是由普通法院在审理案件中附带地对适用于该案件的法律合宪性进行审查。在一个普通案件中,如果这个案件可能适用法律被认为违反《宪法》,法院附带对法律合宪性进行审查。美国的司法审查制需要结合具体个案进行审查,这种审查具有具体审查、附带审查、多级审查的特点,联邦法院被赋予司法审查职能,判决在形式上具有"个别效力",判例法的传统背景下可以成为具有普遍约束力的效力。

(2) 以德国为代表的宪法法院审查制。德国宪法法院审查制是"二战"之后建立的,与美国明显的区别在于不是由司法法院来审查,而是在国家机构中专门设立保障宪法秩序的宪法法院,并以特定的程序审查法律等规范性文件的合法性。宪法法院审查制的理论源于"宪法法院之父"汉斯·凯尔森,最早创立于奥地利,"二战"之后德国接受了宪法法院审查制,并在实践推广中获得成功。宪法法院审查制将抽象审查与具体审查相结合,一审终审,判决具备一般效力。

(3)以法国为代表的宪法委员会审查制。法国的合宪性审查经历了漫长的探索过程,最开始是在议会立法中对是否合宪进行事先审查。2008年启动宪法改革之后,法国建立了类似德国、美国的事后审查制度,并开始慢慢探索一种稳妥的、符合本国既有政体的制度并在实践中获得推广。

(4)以英国为代表的柔性违宪审查制。英国的柔性违宪审查制非常独特。英国是议会主权、议会至上,议会在英国具有至高无上的地位,而合宪性审查的功能就是要对议会颁布法律的合宪性进行审查,因此英国在很长的一个历史阶段内认为无法容纳合宪性审查制度。伴随英国加入欧洲人权公约,英国开始进行宪法改革,并于2009年建立了联合王国最高法院,开始柔性违宪审查制的探索。这种制度框架下,最高法院会针对违宪行为做出"抵触声明",后由议会主动自行修改法律。

从上述分析我们可以看出,不同国家依据各自不同的法律文化、历史背景、政治偶然性及特殊性等原因,形成各国独特的合宪性审查制度(见表4-2)。由于"合宪性审查"与"违宪审查"的概念具有明显的差异性,我们不能不加区分地借鉴国外的制度和理念。中华人民共和国成立至今,我国建立了全国人大监督《宪法》实施的特色制度模式,并开始不断探索和尝试。站在新时代新的历史起点,为了回应时代挑战,应加快步伐完善具有明显的"中国特色"的合宪性审查制度。

表 4-2 世界各国宪法监督制度的类型分布

单位：个

制度类型	亚洲	非洲	欧洲	美洲和大洋洲	总计
普通法院监督制	19	18	7	35	79
宪法法院监督制	15	21	30	8	74
代议机关监督制	7	2	5	3	17

审查原则的"中国特色"。由于各国法治道路的特殊性，我国作为法治后发国家，在全面深化改革背景下的法治探索实践中，仍然需要借鉴和参考西方发达国家的先进制度和理念。这就要求我们在研判过程中，必须坚定党的核心地位绝不动摇，用党的十九大报告的表述是"党是领导一切的"。由于合宪性审查具有明显的制度地域性，更要坚持党对此项工作推进的全方位领导，依托具有浓郁中国特色的政策资源和制度资源，以合宪性审查制度推进来保证宪法的根本法地位，保障公民基本权利和自由，加强对权力运行的制约和监督，发挥《宪法》的监督作用。

审查主体的"中国特色"。中国特色的合宪性审查以最高国家权力机关及其常设机关为主体，这体现了"人民当家作主"的政治逻辑和民主集中制的政权组织方式。《宪法》第五十七条明确规定：中华人民共和国全国人民代表大会是最高国家权力机关。2018 年 3 月 11 日审议通过的《中华人民共和国宪法修正案》，将"全国人大法律委员会"更名为"全国人大宪法和法律委员会"。同年 6 月 22 日第十三届全国人民代表大会常务委员会第三次会议通过的《关于全国人民代表大会宪法和法律委员会职责问题的决定》中明确提出，《宪法》和法律委员会在继续承担统一审议法律草案等工作的基础上，增加推动《宪法》实施、开展《宪法》解释、推进合宪性审查、加强《宪法》监督、配合《宪法》宣传等工作职责。因此，全国人大《宪法》和法律委员会是合宪性审查进行监督和审查的主体。

审查启动的"中国特色"。我国的合宪性审查工作机制，在启动方式和程序上应更趋向于立法机关审议议案的程序，而不体现为两相对抗的司法程序。根据《立法法》《行政法规、地方性法规、自治条例和单行条例》《司法解释备案审查工作程序》对合宪性审查启动主体做的比较明确的规定，全国人大专门委员会和全国人大常委会法制工作委员会可以主动启动合宪性审查程序，主要分为批准审查和备案审查两种情况。《立法法》第99条、《法规备案审查工作程序》第7条以及《司法解释备案审查工作程序》规定了有权提出启动合宪性审查程序要求的主体，国务院、中央军事委员会、最高人民法院、最高人民检察院和各省、自治区、直辖市的人大常委会认为行政法规、地方性法规、自治条例和单行条例、经济特区法规、司法解释同《宪法》相抵触，有权向全国人大常委会书面提出审查要求，由全国人大常委会办公厅报秘书长批转有关的全国人大专门委员会进行审查。根据《立法法》第99条第2款规定，"前款规定以外的其他国家机关和社会团体、企业事业组织以及公民认为行政法规、地方性法规、自治条例和单行条例同宪法或者法律相抵触的，可以向全国人民代表大会常务委员会书面提出进行审查的建议，由常务委员会工作机构进行研究，必要时，送有关的专门委员会进行审查、提出意见"。这一条款明确指明了合宪性审查建议启动的主体资格，必须要先经过全国人大常委会宪法和法律委员会的审查，根据审查后具体情况再决定是否进入全国人大专门委员会的实质审查阶段。

（二）抓住发展机遇，为推动东北振兴积聚"辽宁力量"

（1）贯彻落实习近平总书记要求，推动地方立法创新发展。2018年9月28日，习近平总书记考察辽宁期间，强调指出要坚持"两个毫不动摇"，为民营企业发展营造良好的法治环境和营商环境。辽宁省各市发展各有特色，全国性和辽宁省的规定只能比较宽泛，不能过于细致。让各市结合自身优势充分发挥地方立法活力，发挥地方立法"良法善治"的功能，是辽宁省推动合宪性审查工作的重要功能的具体体现。辽宁省要围绕切实贯彻落实习近平总书记对东北振兴提出的殷切希望和要求，抓住东北振兴的大好机遇，从地方立法入手为民营企业打造优质营商环境。特别是针对中央立法条件不成熟、地方先行先试的立法空间，我们要在绝对不僭越上位法原则的基础上，发挥各市的立法活力，严把审查关，体现科学立法、民主立法、精细立法的时代需求，为东北振兴营造优质制度环境和政策环境。

（2）提高对合宪性审查工作重要性的认识。在党的十九大报告将合宪性审查工作提升到新高度的背景下，依法行使法律监督职权，加大备案审查工作力度，成为今后合宪性审查更加重要的任务，要进一步提高对规范性文件备案审查工作重要性的认识，增强做好这项工作的责任感、使命感和紧迫感，切实履行好法律监督职权。在备案审查工作中，汲取各地合宪性审查的经验，既要敢于监督，通过法定程序和适当途径予以纠正；又要善于监督，不能代替被监督单位行使职权。要坚持依法审查与自行改正相结合,加强与被监督单位的联系、沟通和协调,取得被监督单位在工作上的主动配合和支持,使有关问题得到妥善解决,形成工作合力。

(3)加大对各市合宪性审查工作的指导和检查。定期召开全省合宪性审查工作会议,全面了解各市开展合宪性审查工作情况,支持和促进各级依法开展合宪性审查工作。增强省市两级人大常委会的合宪性审查力量,特别要强化其法制机构及其他专门工作机构的审查能力。指导各市明确备案范围、规范备案行为,督促制定机关依法、及时报送备案,落实有件必备、有备必审、有错必纠的要求,做到应备尽备,规范性文件在哪里,备案审查就跟到哪里。审查方面,要求件件有处理、有结果、有回复,并适时向社会公开。认真做好对地方性法规的审查、研究、处理、反馈工作等,指导各市在法治原则的指引下,在工作实践中建立起一套完备的审查标准,不断完善工作规则办法,细化各项工作程序和制度、工作要求和标准,提高工作水平。

(4)充实打造高素质立法人才团队。地方立法权限放开后,各市立法需求激增,备案审查工作专业人才储备不足的情况凸显。以大连为例,为了解决立法专业人才不足的难题,法工委积极开展地方立法专家顾问团队组建工作,在地方立法咨询组的基础上,广泛吸收不同领域的专家学者,于2015年11月组成30人的地方立法专家顾问队伍,并制定了《大连市人大常委会地方立法专家顾问团工作规定》,为地方立法、法律监督、代表履职等人大工作提供法律服务,切实发挥专家学者对备案审查工作的智力支撑作用,为健全专家有效参与法律监督工作提供了实践基础。同时,大连市于2016年9月通过了《进一步加强规范性文件备案审查工作的意见》，规定"调整配备或者指定专人负责备案审查工作"，完善人员学习培训机制，拓宽学习渠道，不断增强备案审查工作人员的知识储备，切实提高业务能力和工作水平。

（三）坚持制度创新，为地方立法监督增添"辽宁活力"

（1）严格遵照《立法法》原意，明确审查范围。合宪性审查是立法质量的底线与核心，是立法监督体系的基石。实践中，对于重大的合理性问题提出的建议，要遵循政治问题不入审的原则，避免审查启动程序过于随意。同时由常委会工作机构对启动要件进行独立审查，由专门委员会主导实质性审查，对规范性文件的审查从"合法性审查"逐渐过渡到"合宪性审查"，让备案审查机制成为推进合宪性审查工作的支柱和支点。

（2）积极探索合宪性审查方式，加快合宪性审查平台建设。积极探索备案审查与执法检查、代表视察、立法调研、立法提前介入等工作相结合的合宪性审查方式，加大合宪性审查工作宣传力度，公开审查的过程和结果，通过听证会、论证会等形式让公众参与到审查进程中，提高公众参与程度，降低假想审查的概率，达到较好的社会效果。加快合宪性审查平台建设，尽快实现审查工作全流程信息化，实现互联互通，提高工作效率。

（3）健全合宪性审查申请回复机制。公民提出合宪性审查之后，出于对公民知情权的保障，接受建议的机关应当将处理结果及时告知建议人，使建议权发挥出其应有的效果和作用。从我国现有的法律法规和制度规范来看，国务院法制机构和全国人大常委会对书面告知和及时告知的规定过于抽象和简略，并且停留在内部规范层面的规章制度也没有得到彻底的落实和执行。因此，健全回复机制将成为合宪性审查制度完善的关键点。可以从完善现有内部规范作为切入点，对回复的方式、内容、时间、理由说明义务进行详尽规定，并将之从内部制度提升为外部化制度，这种改进是在现有法律法规和制度框架内进行的，从技术层面来看不存在很大难度。

（4）推动备案审查机制与司法审查机制融合。合宪性审查是对法律法规的文本审查，为了充分发挥司法监督地方立法的重要作用，合宪性审查期间已经做出的生效判决，应该继续执行。推动备案审查机制与司法审查机制二者的融合，不但可以体现合宪性审查对司法裁判独立性和权威性的尊重与认可，更可以防止申请人以合宪性审查为借口，故意拖延，借以最终逃避执行。而只有在司法实践中发现合宪性审查与司法案件的裁判结果直接、密切相关时，此时才能暂时中止裁判程序，提起合宪性审查，待审查结果确认后，再开始继续审理司法诉讼。

第五章　坚持多措并举　加大行政诉讼调解范围

当代全球法治的大背景下，行政法治的实现与构建离不开法律制度建设的不断完善，更离不开全体社会成员内心中对法律的信仰和普遍遵守。行政法治的不断推演进程，就是对各个机关进行法治考察后所形成的具体认知。调解是解决矛盾争议的有效方法和路径，具有节约、降低诉讼成本，提高诉讼效率的鲜明特色，可以说在我国法治建设进程中，调解一直是解决争议的高效手段之一。而是否将调解作为一种解决纠纷的方式引入行政诉讼之中，并加以推广运用，一直是行政法学理论界和实务界探讨的重要内容。[①]

在中国发展的历史长河中，调解制度的发展经历了一个历史过程。当一个矛盾产生之后，在不同的文化背景下，解决纠纷的机制和方式是不同的。在中国不同历史时期对纠纷的解决理念又有所不同。有代表性的是两种国家治理方式：儒家（孔子）和法家（商鞅）。在长期的历史斗争之中，儒家占了上风，成为封建时代的统治思想。而儒家文化就代表了中国传统的文化，是一种强调和追求和谐的和

[①] 魏楠：《行政诉讼调解制度研究》，中共中央党校硕士论文，2018 年 6 月 1 日。

合文化，儒家思想以重义轻利为价值导向，认为"君子喻于义，小人喻于利"，应当做到"存天理，灭人欲"。①

礼法的核心就是"亲亲"和"尊尊"，自古忠孝不能两全。因此，当人们的权利义务关系发生争执时，就必然要求当事人通过和解互谅互让，从而大事化小，小事化了，平息纠纷，传统的调解制度顺应了中国古代的社会思想特别是占统治地位的儒家思想。儒家传统学说中，君子的美德是"中庸""中和"，这种儒家思想要求人们做事要讲究不偏不倚、合而统之，在传统的礼教文化之下，这种思想旨在维护和谐的局面。传统的"厌讼"土壤，让人们更多地倾向选择调解这种方式来解决纷争，长期沿袭形成了颇具特色的解纷机制和解纷文化。史载，我国早在西周就有通过调解来处理民事争议的裁处，秦汉以来的司法官更是奉行调处息诉原则，特别是汉武帝独尊儒术以来，封建统治阶级不断地进行儒化教育渗透，调解与统治阶级的思想和传统儒家文化的追求相统一，到两宋调处呈现制度化趋势，至明清调处已趋于完善，成为了一个处理民事纠纷的有中国特色的调解制度，被西方学者誉为"东方之花"。

纠纷的产生或出现是社会的常态，中国如此，世界其他国家同样如此。现代社会发展越来越迅速，单一的纠纷解决机制已经不足以应对日益复杂的矛盾和纠纷。学者把我们现在的社会叫契约社会，契约就是合同，有专家说道，我们每天都生活在合同之中。婚姻法学家说道，婚姻都是合同，现在离婚的诉讼呈现出高发的态势，因此应该有期限——"七年之痒"。当然是行不通的。苏力教授曾经指出，

---

① 王小莉：《论调解制度在仲裁中的发展》，《仲裁研究》2004 年 5 月 15 日。

中国的法治发展必须依靠、利用我国本土的资源，在本土法律文化的传统和实际基础上，滋养中国法治文化土壤。因此，中国法律制度虽在改革后得到长足的发展，但仍然不完善。而让自身不完善的法院去解决日益激增复杂的社会纠纷，必然是"力不从心"，从这个角度来看，调解制度作为中国传统的民间纠纷解决机制，仍然是符合我国国情现代纠纷解决机制中的重要内容，是中国本土化的优秀法律资源，更应该深入挖掘。

行政诉讼调解是指行政诉讼中原被告双方（行政机关和行政相对人）及与行政行为有利害关系的第三人在法院审判组织的主持下，基于自愿平等协商的原则，经过双方的协商以解决行政纠纷的一种纠纷解决方式。我国现行《行政诉讼法》修改适当扩大了行政案件可调解的适用范围，但仍没能给予行政诉讼调解足够充分的发挥空间。在我国行政诉讼司法实践领域中，调解作为一种符合我国国情的、高效的纠纷解决方式，目前广泛应用于行政诉讼活动过程中。

一、法律对行政诉讼调解的规定和司法实践

（一）行政诉讼调解的法律沿革

最高人民法院于 1985 年 11 月 6 日发布了《关于人民法院审理经济行政案件不应进行调解的通知》，明确规定行政诉讼不得适用调

解。该通知指出："审查和确认主管行政机关依据职权所作的行政处罚决定或者其他决定是否合法、正确，不同于解决原、被告之间的民事权利、义务关系问题。""因此，人民法院不应进行调解，而应在查明情况的基础上做出公正的判决。"

1989年4月颁布的《中华人民共和国行政诉讼法》第50条明确规定："人民法院审理行政案件，不适用调解。"同时第67条第3款作了例外规定："赔偿诉讼可以适用调解。"从而确立了行政诉讼不适用调解的原则。1997年4月29日发布的《最高人民法院关于审理行政赔偿案件若干问题的规定》第30条规定："人民法院审理行政赔偿案件在坚持合法、自愿的前提下，可以就赔偿范围、赔偿方式和赔偿数额进行调解。调解成立的，应当制作行政赔偿调解书。"

2017年6月27日，第十二届全国人民代表大会常务委员会第二十八次会议通过《关于修改〈中华人民共和国民事诉讼法〉和〈中华人民共和国行政诉讼法〉的决定》，对《行政诉讼法》第二次修正。新修订的《行政诉讼法》第60条规定："人民法院审理行政案件不适用调解。但是，行政赔偿、补偿以及行政机关行使法律、法规规定的自由裁量权的案件可以调解。"此次修改虽增加确立了上述三种案件类型可以调解，但仍以不适用调解为原则，适用调解为例外。行政诉讼调解仍没有从枷锁中完全挣脱出来。然而在司法实践中大量通过"调解"撤诉结案的现状展示出了行政诉讼调解顽强的生命力，引发了理论界的关注。[①]

[①] 魏楠：《行政诉讼调解制度研究》，中共中央党校硕士论文，2018年6月1日。

伴随着我国公民法律意识的提升，以及全社会法治水平的逐步提高，为了扩大行政诉讼调解制度的适用范围、拓展调解功能空间，要充分发挥行政调解在解决纠纷、提升司法效能、充分保护当事人合法权益中的积极作用，营造广泛、良好的社会和观念基础。

（二）我国行政诉讼调解制度的司法实践

从我国目前的司法实践状况来看，长期以来，行政诉讼法确立的行政诉讼不适用调解制度，在行政诉讼审判中引发了诸多问题，其突出表现是案件撤诉率偏高。据统计，近年来全国一审行政案件撤诉率从未低于1/3，个别法院的撤诉率竟达到81.7%，其中原告主动撤诉率占1/2以上，尤其是进入20世纪90年代以后。根据《中国法律年鉴》以及官方公布的数据显示，1990年全国一审行政诉讼案件撤诉率为36%，1991年上升至37%，以后保持逐年上升的态势，1992年为38%，1993年为41%，1994年为44.3%，1995年突破50%大关，1996年为54%，1997年全国一审行政诉讼案件撤诉件数是50735件，撤诉率达到57.3%，为行政审判数十年来的顶峰。1998年全国一审行政诉讼撤诉件数47817件，撤诉率为48.6%，略有所下降，1999年撤诉率为45%，2000年全国一审行政诉讼案件撤诉率是37.8%。在历年全国一审行政诉讼撤诉案件中，因法院起到调解作用而撤诉的案件也占有相当高的比率。据统计，1994年因法院协调而撤诉的行政案件数占所有撤诉行政案件数的62.4%，1995年为54.8%，1996年为51.7%，1997年为56.6%，1998年上升至60.7%，1999年又升至64.6%，2000年甚至高达69%。2002年原告撤诉的行政案件为 26052 件（原告主动撤诉的为 19921 件，被告改变原行政行为后，原告撤诉的为 6131 件），占结案总数的 30.67%。2003 年原告撤诉的行政案件为 27811 件（原告主动撤诉的为 23323 件，被告改变其原行政行为后，原告撤诉的为 4488 件），占结案总数的 31.58%。

具体而言有三种情形：一是原告起诉后到法院判决之前，认识到行政机关的行政行为没有违法情况，因而主动撤诉；二是被告在诉讼过程中，认识到行政行为违法，改变原行政行为，原告谅解因而撤诉；三是虽然行政机关的行政行为违法，但由于原告的主观原因或经过法官"做工作"，原告撤回诉讼，庭外和解。其中第三种情形实际上是法院调解的作用。由此可见，尽管有关现行法律规定行政案件不适用调解，但适用调解仍然成了行政诉讼司法审判实践中一个"公开的秘密"。

目前，在我国的司法实践中，行政诉讼调解存在着一些明显的问题：一方面，由于没有正式法律依据，行政诉讼调解显得有些过于随意，有时甚至异化成某些法官的权力，一些无原则调解及压服式的非自愿性调解损害了行政相对人的合法利益，也可能有干涉行政权的嫌疑；另一方面，这种劝导撤诉加庭外和解制度存在多种弊端，如当事人私下和解的过程不受法律监督控制，和解协议形式和内容可能违法，且和解协议对双方当事人都没有正式约束力，不能形成有效的制约。因此有必要通过立法由法律对行政诉讼调解机制加以明确规定，建立规范、公开、透明的行政诉讼调解制度。[1]

---

[1] 谷来强：《构建我国行政诉讼调解机制的必要性和可行性研究》，《法制与社会》2009 年 11 月 25 日。

二、构建我国行政诉讼调解机制的必要性分析

(一)确保立法与司法相协调的需要

《行政诉讼法》实施以来,我国司法实践中存在着大量的、多种形式的行政诉讼调解结案实例。通过对这些调解结案实例的分析我们发现,有些案件虽然事实比较清楚,但案件中存在非常复杂的法律关系,法律适用方面也不是十分明确,因此如果以判决的方式结案,很难从根本上解决案件的实体问题。甚至在一些案件中,以判决方式结案后容易引发新的不安定因素。而通过实践表明,如果经过法官深入分析案情,向双方当事人透彻解读法律条文及立法背景,陈述利害关系,相当一部分行政诉讼案件可以在法院主持下达成调解,以行政附带民事诉讼调解结案,双方当事人都得到相对满意的结局。

站在新时代的新起点,我国当前的社会主要矛盾发生了深刻变化,为了充分体现以人民为中心的司法实践需求,我们要充分发挥行政诉讼调解的功能,维护立法和司法的连贯性,确保政府公信力的提升,解决法律规定的正确性和实效性之间的紧张关系,提高司法效率。

(二)切实维护当事人合法权益的需要

在我国,行政行为相对人选择以诉讼的方式维护自身的合法权益,经历了相当长的发展过程。这是行政相对人对行政机关行政行为的合法性,即公权力行使的合法性提出挑战和质疑的有力武器。

但是长期以来，受到行政诉讼立案范围窄、行政诉讼时间长等原因的影响，部分行政相对人不想激化与行政机关的矛盾，采取了"息事宁人"的态度。伴随着我国行政法的发展，依法行使国家公权力成为行政法治的重要内容，新修订的《行政诉讼法》也扩大了受案范围。伴随公民法治意识的提升，行政相对人更多地选择了诉讼的方式维护自身合法权益。但在进入诉讼程序的同时，当事人更希望既可以达到诉讼的预期目的，又可以缓解与行政机关之间的紧张关系，尽量实现当事人个人利益的最大化。在这种背景下，原告方更倾向于接受调解方式来结案，被告方可以在认识行政行为违法行为的基础上，撤销或纠正原行政行为。而只要原告经调解后撤诉，行政机关自我纠正错误的积极性就会大幅度提升，从根本上维护了行政相对人的根本利益，体现了以人民为中心的思想。

（三）实现行政诉讼基本功能的需要

《行政诉讼法》之所以做出行政诉讼不适用调解的规定，其根本理念是更多地强调司法权对行政权的监督这一外部功能，但也因此忽视了行政诉讼本身作为一种解决纠纷方式的功能。行政诉讼作为行政纠纷的司法解决方式，定纷止争、解决行政争议应当是其基本功能。由于立法过分强调对行政权的控制和监督，而忽视了行政诉讼的基本功能，因此在行政诉讼的具体制度设计上一味强调法院对行政行为合法性的审查，而没能很好地实现行政诉讼定纷止争的功能，结果是导致大量行政纠纷不能通过司法的渠道获得有效解决，只能寻求案外解决的方式。

同时，行政诉讼还具有为社会生活提供公共秩序的功能。对于法院而言，行政案件如果不能获得迅速、高效的解决，将使法律关系长期处于一种不稳定的状态，司法提供秩序的功能无从实现。对于行政机关而言，无休止的诉讼会牵涉其精力，也会影响行政行为的公信力，行政行为作为秩序要素的功能也将无法实现。对于行政相对人而言，行政纠纷如果不能有效解决，将使其合法权益处于长期的受侵害或不确定的状态，因而可能采取一些极端的、违法的解决方式，进而严重影响社会的稳定，正常的秩序无法维系。

由此可见，既然行政诉讼具有定纷止争的功能，同时肩负着为社会生活提供公共秩序的功能，法律就应当依据社会现实的客观需要，赋予法院多种解决行政纠纷的手段和方式，使各类行政纠纷能够通过司法途径最终获得有效解决，而调解制度则正是一种解决行政纠纷的有效方式。

三、构建我国行政诉讼调解机制的可行性分析

（一）公权力理论的发展

在行政法理论和实践飞速发展的当代中国，行政诉讼中不适用调解这一原则并非不可动摇。由原来的威权国家公权力至上逐渐向带有协商、合作精神的公权力过渡，建立服务型政府和合作型政府也已经成为现代行政法上很先进的人文理念。在行政诉讼领域，如何贯彻依法行政理念、服务与合作理念，如何充分保障行政相对人

的程序性权利、调动行政相对人参与解决行政争议的积极性等问题摆在了理论界与实务界面前,而行政诉讼调解制度为我们提供了一个良好的解决问题的思路。

(二)契约理念在行政法的引入

将契约理念引入行政诉讼过程,契约理念中所包含的自由、平等、互利等观念,能够使诉讼的过程处于相对稳定和确定的状态,增加诉讼结果的理性和效益,克服诉讼过程中可能出现的风险,摆脱诉讼结果的不确定性。诉讼调解制度的出现,正是这种契约理念在行政诉讼领域中的重要反映,契约文化及其所代表的自由、平等观念也为行政诉讼调解制度的运行提供了外在的观念环境。

(三)司法实践经验奠定了推广的基础

和谐的行政关系是法治国家、法治政府、法治社会三位一体协同发展的重要特征,只有做到从实质上缓解行政争议,才能真正实现行政主体与行政相对人的"官"民和谐。《行政诉讼法》实施以来,从各级法院所审理的大量行政案件的审结结果来看,通过"调解"结案的方式普遍存在。行政诉讼调解的具体操作方式积累了丰富的司法实践经验,许多案件是由被告在法庭默许或动员下通过协调解决而撤诉的。因此,诸多法学家都在积极推动行政调解制度,当事人不服的行政行为应该通过行政调解制度,实现化解行政争议的"以人民为中心"。例如,最高人民法院党组副书记、副院长江必新教授积极倡导"府院联动"机制,他认为这个机制是实现"官"民和谐的重要机制,要通过"府院联动"让人民群众在每一个司法审判和行政执法案中感受到公平和正义。

我国《行政诉讼法》为扩大行政诉讼调解制度提供了相关法律依据,例如,《行政诉讼法》第62条明确规定了当事人的处分权,"人民法院对行政案件宣告判决或者裁定前,原告申请撤诉的,或者被告改变其所作的行政行为,原告同意并申请撤诉的,是否准许,由人民法院裁定。"该规定明确了在行政诉讼中,双方当事人享有处分权。这是行政诉讼适用调解的前提。《行政诉讼法》第8条明确规定了行政诉讼主体的平等性,"当事人在行政诉讼中的法律地位平等。虽然在行政法律关系中,当事人之间是管理和被管理的关系,双方的法律地位明显不平等,但在行政诉讼法律关系中却是平等的,这为当事人协商解决行政争议奠定了基础。"《行政诉讼法》第60条规定了行政赔偿诉讼是可以适用行政调解制度的,"行政赔偿、补偿以及行政机关行使法律、法规规定的自由裁量权的案件可以调解"。

(四)行政裁量权提供了调解的空间

行政机关在法定条件下享有自由裁量权,是设立行政诉讼调解制度的理论基础。由于行政管理活动涉及的领域比较广泛,所要应对的事务比较复杂,因此通过立法赋予行政机关以裁量权具有客观的必要性。行政裁量分为决定裁量和选择裁量,决定裁量是指法律赋予行政机关选择是否做出一定行政行为的权利,选择裁量是指行政机关在法定的种类和幅度内做出选择的权利。只要行政机关的裁量符合法律授权的目的和范围，该行政行为就是合法的。行政裁量权的存在使行政机关拥有了在合法前提下适度自由地处分行政权的权力，为行政诉讼调解提供了可能空间。具体到行政诉讼中的调解，行政机关在法律授予的裁量权限和范围内对行政权享有一定的处分权，这就成为行政机关与相对方就各自的权利义务交涉和让步的基础。因此，行政裁量权的存在为行政诉讼调解制度的建立提供了空间。

为了使行政主体在一定幅度和范围内享有做出某一行政行为的自由、自主选择权，而由法律、法规赋予行政主体一定范围的自由裁量权，是具有必要性的。但是这种自由裁量权如果不依法、依规行使，或者由于执法人员自身素质的良莠不齐，对部分法律依据理解有所偏差，实践中出现自由裁量权的滥用，那么就会在行政执法行为中出现对行政相对人显失公平或者行政不作为的情形。在这类行政诉讼案件中，法院为了抑制滥用行政自由裁量权的行政行为，敦促行政主体在主管范围内正确行使并及时纠正行政行为，平衡行政主体与行政相对人之间的关系，让自由裁量权以更加合法、适度、有效的方式来运转，这是扩大行政调解范围最重要的原因。

（五）大量国外实践经验可以为我国借鉴

从国外来看，英美法系国家和大陆法系国家在司法审查和行政诉讼中，都不同程度地存在调解和和解机制。这些关于行政诉讼调解机制的一些先进理论和实践经验，对于我国建立正式的行政诉讼调解机制具有重要的借鉴意义。

以大陆法系为例，德国对诉讼和解做了明确规定，《德国行政法院法》第 87 条规定："审判长或其指定之法官，为使争诉尽可能一次言词辩论终结，于言辞辩论前有权为必要之命令。其有权试行参与人为争讼之善意解决之和解。"而且在司法实践中，德国行政法院以调解方式结案的比例也是比较高的。德国柏林地方行政法院每年结案约 400 件，其中以非裁判方式终结诉讼（包括当事人基于对方在诉讼程序中之特别声明而撤回诉讼、和解等）的比例，高达 97%。

此外，日本、韩国以及我国台湾地区也都设立了行政诉讼和解制度。例如，我国台湾 1998 年修正的台湾《行政诉讼法》中对行政诉讼中的"和解"制度进行了规定。

这些国家和地区在行政诉讼调解方面的审判实践为我国建立行政诉讼调解制度提供了成功范例。从国外有关行政诉讼调解的制度和实践来看，行政诉讼可以适用调解，而且实际上调解也是行政诉讼结案的一种非常重要而有效的方式。国外的大量成功经验也表明，我国完全可以探索建立适合自身客观需求的行政诉讼调解机制。我国加入 WTO 后，行政审判具有了更强的外向性，借鉴其他国家或我国台湾地区的解决争端机制实在是无可回避的出路。

四、推进我国行政诉讼调解制度的理论思考

扩大行政诉讼中的调解范围，既需要改革的魄力，更需要从制度层面让改革的主张落到实处，建立起符合中国国情特征的行之有

效的调解体系。设立行政诉讼调解制度，探索适合行政诉讼特点的最佳程序结构模式，首先应针对行政诉讼的特殊性，同时要借鉴民事诉讼调解制度的成功经验和做法。

（一）调解程序的启动

对可适用调解的案件，调解程序的启动主要应由当事人申请提出，人民法院也可以根据具体案情，在查明事实、对行政行为的合法与否做出判断后提出建议。

（二）调解的主持

鉴于行政诉讼的特殊性和复杂性，行政诉讼的调解应有别于民事诉讼，不能使用简易程序由独任法官主持，而应与行政审判的组织一致，实行合议制，且由审理该案的同一合议庭主持，以保证合议庭成员熟悉具体案情，发挥集体智慧，对案件做出准确判断。同时，也能起到互相监督的作用，规范法官在调解中的行为，进而保证调解的合法与公正。

（三）调解的阶段

行政行为是否合法决定着行政诉讼案件能否适用调解，因此，行政诉讼的调解只能适用于在法院对行政行为是否合法做出明确判断的庭审中或庭审后判决前的阶段中，而不能适用于判决前的各个阶段，这点应与民事诉讼相区别。同时，也只有在事清责明的庭审中或庭审后，当事人选择并接受调解的主意才能确定。如果在诉讼伊始，原告与行政机关之间的矛盾异常激烈时，对其纠纷进行调解，不仅会使许多本能调解成功的案件被排除在外，而且不符合行政诉讼合法性审查的原则。因此，行政诉讼的调解只能在庭审中或庭审后判决前的两个阶段中进行。

（四）调解的次数与时限

为防止案件久调不决，以拖压调，应对调解的次数做出限制。为了与调解的阶段相协调，调解的次数不应超过两次。两次调解可在庭审中或庭审后判决前各进行一次，也可以在其中的某一阶段进行，但不能超过两次的规定。调解的时限应在行政诉讼的审限范围内。调解不成立的案件，应当及时由法官或法官和人民陪审员组成合议庭开庭审判。

（五）调解协议审查的内容和标准

由于诉讼上的调解是行政主体在特定范围、特定条件对其权限处分的结果，故法官必须对调解协议进行审查，审查的内容包括：

（1）法官应审查达成调解协议的当事人是否具有诉讼行为能力；

（2）审查调解协议是否属于当事人的真实意思表示；

（3）审查调解的事项是否属于当事人（尤其是行政主体）能够自由处分的事项；

（4）审查调解协议的内容是否违反法律或者社会利益。

法官对调解协议审查调解协议无误的，应制作调解书。由于经过了调解过程，原告已不再对被诉行政行为持有异议，因此对调解协议的合法性审查标准可以放宽到行政非诉执行案件的审查标准。

（六）调解书的效力

鉴于民事诉讼中赋予当事人调解的反悔权在民事审判实践中常常被滥用而暴露出的各种弊端，为节约有限的司法资源，避免当事人在调解时的随意性，以增强其责任感，在行政诉讼案件的调解中，如果当事人达成了调解协议，法院审查认可后应当制作调解书，调解书经各方签收即具有法律约束力，任何一方不得反悔。为防止错误调解带来的不良后果，当事人比照判决、裁定可向法院申请再审。

（七）确定调解结案为法定的结案方式

行政诉讼确立调解制度，应将调解结案作为法定的结案方式做出规定，赋予调解书与判决书同等的法律效力，一方不履行的，对方可申请人民法院强制执行。

"最差的和解也胜过完美的诉讼"，这一西方的法谚，在我国的行政诉讼中可以真正体现其特别的价值所在。建立行政诉讼有限调解制度，在现代行政法理论中找到了合理理由，又符合构建和谐社会之政治背景，更是时代所需。对于法官来说，成功调解一起案件并不比审理一起案件更轻松，既需要法官对事实的完全把握，也仰赖法官对法律的深刻理解力。正如美国学者戈尔丁所指出的："调解需要一种高于运用'法律'能力的特殊技巧。"总之，调解结案不应被视为诉讼结案的另类，应还其应有的地位。

第六章 行政诉讼案例分析

一、行政案件的基本情况及特点

政府在依法行使行政权职能时,要依照《宪法》和法律的相关要求,以及行政法治理论严格行使。行政法治还要求相关政府部门牢固树立依法行政意识,将法律作为依法行政的重要前提,以此确保行政法治过程中能够实现便民、高效,才能让国民权益得到切实的保障。新时代的行政法治进程中,法律是政府依法行使管理职权的重要评判标准。法治政府离不开依法行政,行政法治更是通过依法行政有效依法运行才能取得的成果。综合国内外实践调研结果,行政法治和法治政府的构建都离不开依法行政。

(一)行政诉讼败诉是行政法治必须面对的实践难题

2004年开始,我国提出要求司法审判公开,最高人民法院也要建立和完善裁判文书网站,各级地方法院更要不断推进司法审判公开制度,在裁判文书网上统一公布已经生效的相关判决文书。随着互联网技术的不断发展，网络深刻影响了人们的生产方式、生活方式，更深刻推进了司法公开。在推进国家的法治化建设进程中，特别是在行政诉讼领域，原告民众一方获得了胜诉，为了提高政府依法行政能力，会对审判结果向全社会公开通报，以此有力诠释了法律的权威。最高法院于 2014 年 8 月底对典型的拆迁案例进行了公布，其包括房屋征收的相关补偿方式、拆除违法建筑、补偿价格等，其中有大部分的行政行为被认定为违法行为，将会被撤销。由此可知，发布此类案例，更有利于指导审理这一类纠纷，同时，也会使民生的权益得到更好的保障。所以，行政诉讼败诉是依法行政必须面对的问题。

（二）行政诉讼败诉推动政府建立纠错机制

行政诉讼是个人、法人或其他组织认为行政主体以及法律法规授权的组织做出的行政行为侵犯其合法权益而向法院提起的诉讼。本书中的行政诉讼败诉主要指政府机关在行政诉讼活动中败诉，既可能是因为相应的行政机关并未根据相关法律来开展行政诉讼活动，也可能是相应的行政行为有缺陷存在。《行政诉讼法》施行已 24 年，就民众告政府的案件来看，在相应类型的行政诉讼案件中，此类案件仍属于较为具有敏感性的案件，有些地方法院迫于政府的面子，能不受理的就不受理、能不判政府败诉的就不判政府败诉的现象仍然很普遍，就算政府被判败诉了，政府内部最多也来个轻描淡写的通报，至于行政执法的司法监督制度和行政执法责任追究制度很难落到实处。近年来，从政府"一把手"出庭应诉，到政府败诉信息公开，规范行政诉讼行为的法律制度不断完善，但也不断面临新问题、新情况。在相关行政诉讼案件中，立案、审理、执行困难等问题都亟待解决。根据相关法律规定，对行政机关的不、乱、滥作为的行为要进行治理，使法人、组织以及公民的权益得到有效维护，《行政诉讼法》也已经得到进一步的修改完善，一切都在倒逼政府依法行政。修改完善后的《行政诉讼法》，可以让民众的监督权发挥得更加明显，更有利于法治国家的建设。公开刊登政府败诉案件，是依法治国的需要，体现了法律的绝对权威，展现了对人民权益的维护，政府行政诉讼会输，输掉还要将其公开，这对政府部门应有所警示。政府部门将无法无动于衷，成为被告或是输掉官司终究不是一件光彩的事情。如何避免政府公信力流失，显然要减少政府当被告尤其是败诉的概率。随着互联网等新媒体的不断发展，通过互联网直播庭审，加大司法公开力度已成为趋势，网络舆论已逐步成为影响社会和政府决策的重要舆论力量。面对互联网行政诉讼案件公开审理的增多，人们对政府参与行政诉讼，以及政府参与行政诉讼败诉的了解也会相应增加。因此，基于行政诉讼败诉倒逼政府纠错行政行为，可以对相关的政府纠错机制进行构建，使之与网络时代相适应。就对于法治政府的建设与依法行政的完善来看，构建政府纠错机制是必须要进行的一项活动。另外，从相关行政诉讼败诉案件所得到的情况反馈，可以使政府机关的相关决策部门更有效地对政府错误行政行为与问题进行发现。因此，基于此建立完善的政府纠错制度可以更有效地对相应的程序与制度进行启动，对相关法律程序的履行进行重新确定，以便能及时有效地对错误行政行为进行纠正，降低损失。[①]

[①] 陈汉文:《基于行政诉讼败诉的政府纠错机制研究》，华侨大学硕士论文，2018年5月29日。

（三）法治政府建设取得新进步

以辽宁省大连市为例，自2016年实施行政诉讼案件交叉审理以来，全市法院初步形成有利于行政执法监督、避免行政机关不当干预的行政审判新格局。行政机关依法行政水平进一步提升，干预立案、消极应诉、拒不执行生效裁判的现象明显改观，改革的正效应进一步凸显。

1. 法治观念不断增强

行政机关在执法过程中尽力完善执法行为的意识进一步增强，对于行政立法存在的空白和执法标准不一甚至冲突等问题，能够积极寻求解决方案，实现从被动学习、惯例沿袭到积极学习、依法执行的转变。一些行政机关善于在个案中发现和总结普遍性问题，敢于纠正深层次的制度缺陷，积极回应司法建议，行政机关工作人员尊重法治精神、运用法治思维处理行政事务的观念不断增强。市委党校主动邀请中院行政庭法官在党校公开庭审，以案说法，切实提高党政领导干部的依法行政意识。

2. 依法行政水平不断提升

行政执法人员执法水平的高低以及能否严格执法，是衡量政府法治水平的重要尺度。2018年，大连市非诉执行案件准予执行率提高，体现出行政执法人员日益重视执法程序，不断规范执法行为，提升执法质量，行政机关依法行政能力和水平明显提升。

3. 应诉能力有所提高

2018年，行政机关高度重视行政诉讼工作，多数行政机关的应诉答辩更为专业和规范。行政机关在行政诉讼中委托专业律师代理案件比例提高，行政机关工作人员与专业律师同时出庭应诉的情况比较多见，以往工作人员消极应诉的情况大为改观，行政机关对于行政应诉工作的重视程度不断提升。

二、被诉行政机关执法存在的问题及原因分析

笔者在对辽宁省大连市的行政诉讼败诉案例进行综合分析后，对败诉案件中表现出来的被诉行政机关执法存在的问题以及原因梳理如下：

（一）履职尽责失当，履责纠纷多发

行政机关依法公正、全面、正确履行职责，是权责相一致原则的基本要求，实践中，部分行政机关对其法定职责认识不清、把握不准，导致履职尽责失当。

一是行政职权交叉不清。近年来，随着经济社会高速发展，大连市先后建立了普湾新区、金州新区等多个经济功能区，在归入金普新区之前履行行政管理职责，现阶段新成立的金普新区和金州区合署办公，应诉时相关行政机关对于该区域行政主体及职权的确定一直无法明确。为加强相关领域的行政管理，部分区市县对行政机关职能进行整合，特别是当前正在进行的机构改革，在原有的行政管理架构发生变化的情况下，也出现了无法定职权行政、适法责任主体不明等问

题，改革后行政主体和职权亟须厘清和明确。在征地拆迁等一些工作中，有些区域实行政府各部门共同参与、街道具体组织、村委会负责拆迁的联合执法形式，往往出现参与单位超越职权做出行政行为或承担责任相互推诿的情况，究其原因在于行政职权存在交叉，权责边界不明。如大连市企业信用担保有限公司诉庄河市国土资源局房屋登记一案中，针对同一处房屋，庄河市房地产管理所和庄河市村镇建设办公室各自为大连康宝乳业有限公司颁发了房屋所有权证书，导致出现"一房两证"的情形，而作为上述登记机构的主管部门庄河市国土资源局却无法厘清两者的法定职权界限。

二是行政不作为。在当事人提出申请的情况下，行政机关及其工作人员推诿塞责，极易引起当事人的强烈不满，深受社会公众诟病。如在大连嘉新达美房地产开发有限公司诉大连市国土资源和房屋局、大连金普新区管理委员会、大连市国土资源和房屋局金普新区分局行政协议并赔偿一案中，在原告已缴纳土地出让金的情况下，被告长年未交付相应土地，造成原告财产巨大损失。如在政府信息公开案件中，政府将本应由其答复的申请，推脱给由其牵头成立的非独立对外承担责任的行政主体。负有不动产登记管理的不动产登记机关在收到相对人提出的补发不动产权属证书申请后，因不愿担责而不做任何处理。此外，因一些当事人系信访老户或者多次缠诉滥诉，行政机关对此有反感或为难情绪，有的行政机关对当事人提出的履行法定职责或者信息公开要求，拖延履行或者迟迟不予答复，有的甚至否认曾收到当事人的申请，有的直接拒收当事人邮寄的书面申请。

三是不正确履行职责。在行政复议案件中，有的复议机关不履行调查核实义务，仅以申请人举证不能为由不受理或者驳回复议申请。在房屋征收案件中，有的行政机关在征收决定做出前、征收补偿方案尚未确定的情况下，即委托下属街道办事处与被征收人签订搬迁协议，并对被征收房屋实施拆迁；有的地方政府在旧城改造中不依法履职，在所涉集体土地未被批准征收的情况下对整个片区实施动迁补偿。在行政协议案件中，部分行政机关违反法律、法规的强制性规定，突破已经公布补偿方案的补偿标准，与被动迁人签订补偿协议；一些地方政府在履行行政协议的过程中，擅自改变行政协议条件或者违背协议约定，损害了相对人合法权益和政府形象。如在叶茂诉瓦房店市房屋管理办公室不履行行政协议并赔偿一案中，瓦房店市房屋管理办公室既违反《国有土地上房屋征收与补偿条例》的强制性规定，同时与叶茂签订了《房屋征收货币补偿协议书》和《房屋征收产权调换协议书》，又违反了《瓦房店市人民政府关于印发瓦房店市征地征海补偿安置办法的通知》和《八三沟旧城区房屋征收补偿与安置方案》规定的补偿标准，超标准、无理由地确定补偿数额，损害了征地补偿安置工作的正常秩序和社会公共利益。

（二）法律理解与适用偏差，依法行政能力有待提高

在法律规定比较原则的情况下，行政机关在执法时往往因理解偏差或错误导致法律适用不当，例如，在社会保障领域，适用社会保险法的规定征缴"五险"还是适用政府的决定征缴"两险"引发了争议。在政府信息公开案中，行政机关普遍存在信息公开工作规范性、专业性不强等问题。有的行政机关不能把握"政府信息公开"与"政务咨询"的区别，均以信息公开方式进行正式答复；有的行

政机关负责信息公开的工作人员不了解相关规定，不熟悉具体业务，未受过专门培训，其答复从形式到内容均不符合信息公开基本要求，存在无故超期答复、答复项目有遗漏、告知诉权错误等问题，行政机关可能承受不利后果。

（三）责任意识不强，引发诉讼及信访案件

权责相一致原则要求行政机关在行使权力的同时，承担相应的责任，但个别行政机关缺乏责任意识，自我纠错能力不足，对已发现的问题不能及时有效化解，甚至拒绝纠正，直接告知当事人向法院起诉。如在工商登记案件中，当事人已经向市场监管部门提交相关证据，能够证明工商登记存在错误，但从司法实践看，一些市场监管部门未积极查实认定相关事实进行纠正，而是引导当事人提起行政诉讼进行纠正。又如，在涉及民政婚姻登记的案件中，民政部门对于有明显证据证明婚姻登记错误的行政行为以无权为由拒绝更正，导致有些当事人因登记行为久远，超过法定的起诉期限而无法获得司法救济，增加了社会不稳定因素。行政机关自行纠错是行政行为合法性的应有之意，行政行为自愈是减少行政纠纷的有效途径。此外，个别行政机关在认定事实方面责任心不强，对事实定性有偏差或不全面。如对申请公开的信息未做必要的检索查询，或在信息公开答复中遗漏应予处理的事项等；在不动产登记中，没有对涉案土地权属进行核查，错误地对已经颁发集体土地使用证的宅基地发放了农村土地承包经营权证，导致"一地两证"的情况。

近年来，上级机关加大专项督查力度，对于涉环保、违法占地

等违法行为保持高压态势，相关部门积极工作有担当、有作为，专项治理工作取得了显著成绩。但在此过程中，相关部门存在着为了完成任务简单执法的情况，在个别案件中未依法治理，事实认定不清、证据不足、适用法律错误，在诉讼中也不积极化解行政纠纷，以完成上级任务为由消极应诉，从而导致败诉或引发信访，给专项整治工作带来了负面影响。

（四）忽视程序价值，违反法定程序问题依然突出

近年来，行政机关对程序价值的重视程度有所提高，但程序违法依然是导致行政机关败诉的主要原因。如在大连联发置业有限公司诉长海县国土资源和规划建设局行政处理决定一案中，被告未提交有效证据证明其依法向原告送达相关法律文书，从而导致败诉。再如在工伤认定过程中，个别行政机关受理劳动者个人申请后，片面认为证据已经充分，就未依法向用人单位送达举证通知书，也未就相关证据向用人单位调查核实，剥夺了用人单位陈述申辩的权利。又如在拆除违法建筑过程中，有的行政机关未经相关职能部门做出行政处理决定，且未履行告知、听证、复议等法定程序即强行拆除涉案建筑物，还有的行政机关在强制拆除前未对房屋内财产予以清点、登记并录像留证，对提存的物品也没有妥善保管，造成当事人财产损失。另外，个别行政机关存在超过法定期限履职的情况。如在杨佳润诉大连市公安局公共交通治安管理分局、大连市公安局治安行政处罚决定及复议决定一案中，大连市公安局公共交通治安管理分局于2017年4月9日受理治安案件，于2017年5月2日批准

延期，于 2017 年 11 月 20 日做出行政处罚决定，办案期限超过法定办案期限。

（五）应诉能力尚待提高，行政负责人出庭应诉有待改进

行政机关应诉能力一定程度上反映了依法行政的理念、能力和水平，客观上也对行政案件的裁判结果有一定影响。实践中，个别行政机关应诉能力还不高，仍然存在一些问题和不足。

一是庭前准备不充分。有的行政机关超期提供证据或提交证据不全面，甚至遗漏必要证据，导致案件证据不足、事实认定为没有依据。如在庄河木器厂诉庄河市人力资源和社会保障局工伤认定一案中，庄河市人力资源和社会保障局仅根据其做出的工伤认定结论提交对其有利的证据，未能客观、全面地提交其在行政调查程序中收集的全部证据，尤其是对其做出的工伤认定结论不利的证据。有的行政机关提交的证据形式不规范，证据存有瑕疵，如提交的录音证据缺少文字说明，提交的照片证据没有制作时间、制作人。个别公安机关提供的治安案件卷宗中证据多处不一致，致使相关证据的真实性无法确定。有的行政机关提供的证据与被诉行政行为之间明显不具有关联性，不能有效证明被诉行政行为的合法性。

二是庭审表现欠佳。个别行政机关的委托代理人行政法律知识欠缺、庭审表现消极，如不懂得"全面审查"的含义，仅就原告起诉状中提到的问题答辩和举证，庭审准备不充分，对案涉问题均以"不是实际经手人不知情"为由不做实质答辩，发表质证意见笼统应付，不仅增加了行政机关败诉的风险，更损害政府形象和公信力。

在有委托律师出庭的情况下,行政机关负责人或者工作人员"出庭不出声"的情形比较普遍。有的行政机关负责人因对案情不熟悉,不能有效陈述行政行为的来龙去脉,甚至拒绝回答法庭提问或者当事人的发问。有的行政机关负责人缺乏庭审经验,只是照本宣科宣读答辩状,在法庭调查辩论中不愿、不敢、不会发言,不能实际参与案件的庭审或协调过程,没有达到应有的出庭效果。

三是行政机关负责人出庭率偏低,不出庭的理由不充分。行政诉讼法修订之后,将行政机关负责人出庭应诉制度上升到法律层面。2018年2月,最高法院出台司法解释,对此予以进一步明确。实践中,行政机关负责人没有到庭时,虽能当庭提供情况说明,但多为"因公务在身""参加会议"等理由,说明大连市大部分行政机关负责人没有认识到出庭应诉是其必须履行的法定职责,是化解矛盾纠纷、维护执法权威、树立政府依法行政形象的有效举措。现阶段,大连市行政负责人出庭率不高,与省内其他地区相比有明显差距,特别是各级政府、市直机关作为被告的案件,负责人出庭情况更不乐观。

三、推进依法行政、建设法治政府的对策建议

通过对近年来大连市行政诉讼案件审判情况及行政机关执法过程中出现问题的剖析,对大连市推进依法行政、加强法治政府建设提出如下建议:

(一)增强法治意识,树立依法行政观念

一是强化依法行政理念,自觉在法律框架内行使权力,自觉运用法治思维和法治方式深化改革、推动发展、化解矛盾、维护稳定,依法协调和处理各种利益问题,积极营造办事依法、遇事找法、解决问题用法、化解矛盾靠法的良好法治环境;二是正确处理好公正与效率、实体与程序、改革发展与依法行政的关系,牢记职权法定,想问题、作决策、办事情必须守法律、重程序、受监督,切实维护群众利益;三是推进政务公开,加强权力制约监督,及时公开公共资源配置、重大建设项目批准和实施等领域的相关事项,以及涉及公民、法人或其他组织权利和义务的规范性文件,积极推行行政执法公示制度,切实保障群众的知情权,保证行政权力公开透明运行。

(二)坚持严格规范公正执法,全面履行法定职责

一是健全清单管理制度。2019年,大连市全面实行机构改革,行政机关进行了机构重组、职能调整、人员整合。改革后,行政机关应全面梳理和明确权力清单和负面清单,并向社会公开发布,避免超越职权、滥用职权和怠于行使职权等行为。二是严格行政执法程序,对行政处罚、行政强制、行政征收、信息公开等容易引发诉讼的行政行为,进一步明确公告、听证、风险评估、集体讨论决定等各环节操作流程,避免因不作为或者不当作为引发诉讼。三是完善政府守信践诺机制,严格兑现向行政相对人依法做出的政策承诺,认真履行在招商引资、政府与社会资本合作等活动中与投资主体依

法签订的各类合同，不能以政府换届、领导人员更替等理由违约毁约。四是强化服务意识，尤其是征地拆迁、社会保障、食品安全监管、环境保护等涉及民生的行政行为，全面履行告知义务，认真听取陈述申辩，避免因工作人员的服务态度、责任心等问题引发不必要的诉讼。

（三）全面梳理执法依据，注重行政争议源头治理

一是注重对现有执法依据的梳理。加强规章、规范性文件的全面清理和规范，对上位法要求制定相应详细配套规范的，如用人单位及其职工共同申请补缴养老保险费的具体操作细则，要及时组织制定，避免出现规范真空状态；对不符合上位法规定的规章、规范性文件，视情形及时进行废、改、立，有必要保留的应及时上升为法规规章，并将废止、修改的规章、规范性文件编制清单，向社会公布，维护其权威性、严肃性。二是对法律规定不明的执法新领域，需要制定规章、规范性文件的，如医疗纠纷投诉处理的程序规范，全面听取征求社会各界、公众的意见，部分先行先试，并及时评估，确保规范更好地发挥作用。三是对要采取的改革措施从法律法规层面进行全面论证，研究预判法律后果，积极应对行政执法过程中出现的问题，确保改革在法律框架内进行。例如，因工商登记流程简化导致冒用身份虚假登记的案件增多，应当及时采取兼顾效率与安全的针对性改进措施，保证改革效果。

（四）加强执法及应诉能力建设，促进行政纠纷有效化解

一是加强学习，完善学习机制，营造良好氛围，鼓励行政执法人

员加强执法知识学习，提升执法能力。二是行政机关法制部门积极发挥能动作用，将行政诉讼中的经验教训有效反馈到基层执法一线，促进审判理念与执法的对接、统一，推进依法行政。三是充分发挥行政复议作用。发挥行政复议附带监督、简便快捷、解决争议彻底、手段灵活及协调空间大等优势，力争将更多的行政争议有效化解在讼前。四是提高应诉能力。加强行政机关出庭人员应诉和庭审技巧培训，特别是对证据提取、询问笔录制作、保障当事人陈述申辩权、救济告知、送达执行等易发生错误、出现瑕疵的环节的培训，切实提高行政机关出庭人员的应诉能力。尽量安排亲历行为做出过程的工作人员出庭应诉，全面向法庭反映案情。健全完善行政机关负责人出庭应诉机制，鼓励负责人不仅积极出庭，也要积极发声，为所在行政机关"代言"。

（五）完善社会综合治理，促进纠纷实质性解决

一是健全行政裁决制度，完善多元化纠纷解决机制，推进调解、仲裁、行政裁决、行政复议、诉讼等有机衔接、相互协调，实行多元主体共同治理。二是建立行政争议诉讼与非诉衔接机制。学习借鉴外地先进经验，加强行业性、专业性人民调解组织建设，健全人民调解、行政调解、司法调解联动体系，形成预防和化解行政争议的合力。三是建立行政机关与人民法院联席会议制度，积极探索"裁执分离"，通过多种方式破解非诉执行难题，避免"申请了之"的做法，及时有效地处理违法用地等违法行为。

（六）适应司法审查新常态，维护司法权威

党的十八大以来，随着"全面推进依法治国"方略的全面实施，法治政府建设进入新时代，对行政机关依法行政提出了新的更高要求。新修订的行政诉讼法对原有的行政诉讼制度做出较大调整，完善了管辖制度、诉讼程序和制裁措施，更加注重行政争议实质性解决，进一步加强了对当事人诉讼权利的保护，加大了司法机关对行政机关依法行政监督的广度和深度。这些新形势、新情况对人民法院的行政审判工作、行政机关的依法行政产生了积极深远影响。全市各级行政机关应尽快适应司法审查的新常态，"一把手抓、抓一把手"，各级领导干部要切实提高对行政诉讼的重视程度，积极参与诉讼活动，全面履行诉讼权利和义务，严格执行生效裁判，维护司法权威，作尊法、学法、守法、用法的表率，提升政府形象。应定期评估和研判依法行政状况，重视人民法院在诉讼中发现的问题和提出的推进依法行政的司法建议，促进行政审判环境优化，推动法治政府建设。

四、提升领导干部法治思维和法治方式

全面推进依法治国的重中之重就是推进依法行政，加快建设法治政府的步伐。改革开放以来，我国在推进依法行政、建设法治政府领域做出了巨大的努力，这项工作目前已经取得了重大成就，党的十六大报告中明确提出"推进依法行政"任务，随后国务院在

2004年颁布了《全面推进依法行政实施纲要》，第一次明确提出"建设法治政府"的目标，这一目标的确定为推进依法行政、加快建设社会主义法治国家打下了有力基础。"这么办合法不合法"已经成为了绝大多数行政机关领导干部的"口头禅"。许多地方政府和政府部门在发布施行重要文件或者采取重大措施前，都要进行合法性审查，防止不合法情况的发生。党的十八大报告中明确指出，要基本建成法治政府，"建成"较之"建设"，在法治国家进程中向前迈出了一大步。行政机关的依法行政能力和执法水平与人民群众的生产、生活紧密相关，要想做到全面推进依法治国，就要让行政机关在经济、政治、文化、社会、生态每个领域中深入推进依法行政。根据数据统计分析，行政机关承担着80%以上法律法规的实施工作，要完成全面建成小康社会的任务，就必须要确保这80%的法律法规实施工作在法治轨道上运行，即建成法治政府。

2016年公布的《中华人民共和国国民经济和社会发展第十三个五年规划纲要》提出，要"完善法治化、国际化、便利化的营商环境"，并把营造优良营商环境的内涵概括为四个方面，即"营造公平竞争的市场环境、高效廉洁的政务环境、公正透明的法律政策环境和开放包容的人文环境"。① 近年来，中央高度重视优化营商环境，在营商环境建设方面给予高度重视。市场经济条件下，营商环境建设是确保经济持续健康、高质量发展的重要决定因素，营商环境涉及市场主体在市场准入、生产经营、退出过程中的所有相关外部因素和条件。2017年7月，习近平总书记在中央财经领导小组第十次会议上的讲话中强调，

---

① 彭伶：《法治是最好的营商环境》，《检察日报》2019年5月16日。

要"营造稳定公平透明、可预期的营商环境"。2018年9月，习近平总书记对深入推进东北振兴提出六个方面的要求，第一条就是"以优化营商环境为基础，全面深化改革"。2018年的国务院《政府工作报告》要求不断优化营商环境，指出优化营商环境就是解放生产力、提高竞争力，要破障碍、去烦苛、筑坦途，为市场主体添活力，为人民群众增便利。

法治环境是营商环境的重要内容之一，更是政务环境、市场环境、人文环境的重要支撑力量，优化营商环境最根本的要求就是要打造公开、公平、公正的法治化营商环境，这也是解决行政权力运行过程中，特别是行政机关在市场监管职权履行过程中，依规、依法运行行政权，保护行政相对人合法权益，最高效能地解决营商环境建设中的难点、痛点、堵点，从行政法治建设这个基础性工作入手，来保障营商环境不断优化、防范行政权滥用的最根本、最有效途径。打造良好的营商环境，涉及行政事务、法治、社会、人文等诸多方面的工作，但就目前辽宁来说，应抓紧开展一场除烦苛之弊、施公平之策、开便利之门的"自我革命"，在这场自我革命中，关键群体就是各级党员领导干部。如何提升党员领导干部的法治思维和法治方式，以依法行政助推辽宁全面振兴是打好这场攻坚战的重要因素。

（一）提升领导干部法治思维和法治方式能力的必要性

1. 新时代对党员领导干部法治思维提出了新要求

新时期，领导干部需要锤炼自身法治思维。作为当今时代最为重要的一种思维方式，法治思维同时也是法律职业人员顺利开展工作的重要思维路径，包括领导干部在内的公务人员要妥善、科学地解决相关问题，就必须具备法治思维。从某种程度上讲，法治思维是法治的起点，只有法治思维落实了，依法行政才能得以顺利实施和开展。实践表明，法治实践效果如何直接取决于法治思维深入的程度。在法治思维下，领导干部制定决策要以法律法规为依据；在解决相关矛盾和纠纷时要以法律程序为基准。领导干部的法治思维往往能够起到极强的引领作用和示范作用，能够在无形之中影响和感染其他公务人员，于循序渐进之中引领他们形成法治工作方式和思维模式。

2. 辽宁全面振兴对依法行政提出了新标准

当前，辽宁省围绕习近平总书记就推进东北振兴提出的六个方面要求，提出打好这场"攻坚战"是对辽宁省领导干部依法执政能力的考验。依法行政能力是辽宁省干部考核的重要指标之一，但是不可否认的是，部分基层领导干部的法治思维能力还有很大的提升空间，他们对法治社会和法治思维的重要性认识不足，认为只要能够提高处理实际问题的效率即可，不必拘泥于哪一种解决形式或者解决方式，实践中的"衙门风""中梗阻"仍然存在，甚至在基层领导干部中还有这样的说法：只要是能够促进经济发展的工作方式就是好的治理方式，而其是否符合法治要求，往往不在这些领导干部考虑的范畴之内。部分领导干部甚至认为法治思维严重影响了其个人意志的展现，阻碍了其大刀阔斧改革的步伐，甚至对经济发展是一种阻碍和障碍。还有部分领导干部将法治思维和法治方式的学习形式化，难以形成系统的法治理念和法治观念，在大谈法治、坐而论道的同时却将法律实践抛却云霄之外。

（二）领导干部法治思维和法治方式面临的障碍

1. 法治意识观念不足

法治思维倡导依法办事，人治思维是追求权力最大化，这是法治思维与人治思维之间明显的冲突。辽宁省营商环境的改善虽然已经取得了初步成效，但距离高质量发展要求和先进地区的发展水平仍有一定差距。党员领导干部在优化营商环境中，围绕侵害企业和群众合法环境的突出问题，更是要摒弃特权思想，不能用行政思维代替法治思维来管理和处理社会经济事务，甚至人为地干预正常的执法和司法活动。

2. 法治思维方式滞后

从法治出发是法治思维的核心，法治思维最终还要落脚到法治实践上。法治思维应当是系统化的法治理念与法治实践的结合体。在法治思维之下，法律将成为社会治理、社会事务解决、社会矛盾化解的主要方式。一些基层领导干部受到法治建设压力的影响，虽然坚持以法律法规为基准来处理具体的矛盾纠纷，但有的部门领导认为，只要形式上不违反法律法规的相关规定，就是在工作中实现了依法行政。在具体实践之中，这种将形式上符合法律法规即可的行为视为法治的领导干部不在少数，这导致了基层干部直接将法治思维的培养等同于法律法规的行为，忽视了法治理念的锤炼和法治实践的重要开展。

3. 法治实践经验不足

法治思维的形成不是一蹴而就的，而是需要在长期的法治实践中不断累积和形成的，这是一项长期坚持的艰巨任务。法治思维和法治实践二者具有辩证关系，实践中法治实践同样反作用于法治思维。在法治实践之中积累的法治思维往往更具系统性和全面性。领导干部的法治思维能力一方面是指法治理念，另一方面则是指将法治理念转化为法治实践的能力。绝大多数领导干部在实践中通过不断地解决具体矛盾和处理具体事务，慢慢累积并夯实了法律知识的储备、提高了法治素养、形成了法治思维，并能够自然熟练地运用法治思维和法治方式，拿起法律条文来解决人民之间的矛盾。但是少部分领导干部在这一过程中，往往又被利益的怪圈所迷惑，习惯性地运用法律之外的手段和方法来解决问题，领导干部法治实践经验的匮乏直接影响了法治思维的塑造。

（三）以依法行政助推辽宁全面振兴

1. 以合法性思维为民营企业打造优质营商环境

习近平总书记考察辽宁期间，强调要坚持"两个毫不动摇"，为民营企业发展营造良好的法治环境和营商环境。辽宁省各市发展各有特色，全国性和辽宁省的规定只能比较宽泛和原则，不能过于细致。让各市结合自身优势充分发挥地方立法活力，发挥地方立法"良法善治"的功能，是助力辽宁全面振兴的重要举措。辽宁省要围绕切实贯彻落实习近平总书记对东北振兴提出的殷切希望和要求，抓住东北振兴的大好机遇，从地方立法入手为民营企业打造优质营商环境。特别是针对中央立法条件不成熟、地方先行先试的立法空间，我们要在绝对不僭越上位法的原则基础上，发挥各市的立法活力，严把审查关，体现科学立法、民主立法、精细立法的时代需求，为东北振兴营造优质制度环境和政策环境。

地方立法创新是对党员领导干部法治思维的重要考验。法治思维是一个体系化思想过程，其养成不是一朝一夕可以完成的，需要具体的实践和相应的顶层设计同时开展。法治思维和方式的提升，需要领导干部将人治思维彻底地抛却和摒弃，需要其从心理上认可法治理念。一方面要让领导干部意识到法律的权威，使其对法律法规形成敬畏之心，这就需要加强对领导干部的监督，使其意识到当自己违反法治时将会受到惩戒和匡正，让其明白自己虽然有了权力，但是却不能任意妄为，必须在法律的范围内行动；另一方面则要为领导干部提供较高层次的专业培训机会，让领导干部巩固和牢固树立"没有任何个人和组织可以凌驾于法律之上"这样的法治意识。领导干部是国家公权力的行使者和代表者，对其的法治思维培养应当从法治理念的培养着手，当法治理念深入人心时，法治思维的形成将水到渠成。

2. 以规则性思维提升辽宁依法行政水平

优化辽宁营商环境，要突出解决"办事难"的突出问题，"办事难"背后折射的是千丝万缕的利益固化的藩篱。当前政商关系不良、政企关系不顺，实践领域增加了企业和群众的生活成本和发展成本，带来了人才、技术流失，资金、项目不愿落地等一系列突出问题。解决这些问题的关键仍然在于领导干部的法治素养，特别是坚决抵制特权思维。领导干部政治素养主要体现在其对法律知识的了解情况上。领导干部如果缺乏法治思维，那么其政治素养往往高不到哪里去。培养领导干部法治思维是当前提升领导干部政治素养的核心和关键。受过系统法律教育、法律专业出身的领导干部在领导干部群体中可谓凤毛麟角，一些领导干部的法律知识和法治理念极其匮乏，他们的思维方式往往和法治建设的要求还有较大差距。因此，要加强对领导干部法律知识的培训和教育，让其在学习具体法律法规条文的过程中形成法治思维、了解法治的重要原则，在无形中熏陶自己的政治素养。领导干部在了解自己本职工作相关的法律法规之后，将会思考如何运用法律法规解决实际工作中的问题，运用法律的能力自然提升，政治素养也就能够得到培养。

解决依法行政中突出的"办事难"的问题，就要求党员领导干部要带头尊崇《宪法》，牢固树立法治面前人人平等的意识，遵守法律法规是实施管理最基本依据的观念，带头推进依法行政，依法执行各项制度，自觉抵制任何形式的特殊化思想，在制度执行过程中，更是要杜绝简单化执行、递减性执行、抵触性执行、应付性执行、选择性执行等现象，牢记法律红线不可逾越，通过提升法治思维与法治方式，提升依法行政能力，以此助推辽宁全面振兴。

3. 以权责性思维为助推辽宁全面振兴提供法治保障

近年来，辽宁省加大了对干部不担当不作为、群众办事难、企业办事难三大顽症的集中专项整治，围绕一系列突出问题对症下药，大力解决辽宁振兴发展的突出难题。尤其注重行政行为的法治化，强化对行政行为的监督与违法责任追究。

法治思维养成是一个长期的过程，这种思维方式需要依靠实践中行政法治理念的确立，就是在法治原则、法治理念、法律的规范下开展行政行为。这就要求对行政机关工作人员的行政行为进行规范，执法者要在相应的机制、制度和程序之下依法、依规行使权力。与此同时，国家要加强对行政行为的监控，监督和管理行政行为的运行，使行政行为能够处于严格的法治监督之下。因此，领导干部要及时树立权力就是责任的思想观念，树立权责性思维，做到权责不分离、权责要平等。在权力的分配过程中，公平合理地划分权力和责任，在制度设计上做到有权必有责，更要确保政治责任到位，避免权责错位的现象发生，以此要求党员领导干部真正实现权责一致，实现党要管党、从严治党的要求。

完善法治评估机制和法律监督体系，为控制权力扩张以及保护公民权利提供制度保障。要完善政府部门内部监督，严格对领导干部的行政行为进行监督，将奖惩措施运行在阳光下。优化领导干部遴选任用的法治环境，提拔实践中善于运用法律手段解决问题、推动地方发展的优秀干部到补齐民生短板的重要、关键岗位任职。优化外部法治环境，通过舆论宣传与监督促进领导干部法治思维和法治方式能力的提升，形成社会法治发展的良性循环。

发展的竞争，很大程度上是营商环境的竞争。当前辽宁省迎来了新时代东北振兴的大好发展契机。地区的发展要依托于地方发展实际，集中精力解决地方发展面临的突出问题和短板。领导干部是打好这场战役的关键群体，更是一支重要力量。法治思维是法治的起点，领导干部法治思维方式的养成是一个长期的过程，以法治思维和法治方式能力提升推动辽宁省依法行政能力水平提高，助力辽宁全面振兴是党员领导干部的重要职责，唯有持之以恒，方能使其得到不断提升。

附录　党政领导干部依法行政必备法律法规目录

［1］《中华人民共和国宪法》（2018年3月11日）

［2］《中华人民共和国全国人民代表大会组织法》（1982年12月10日）

［3］《中华人民共和国地方各级人民代表大会和地方各级人民政府组织法》（2015年8月29日）

［4］《中华人民共和国国务院组织法》（1982年12月10日）

［5］《国务院行政机构设置和编制管理条例》（1997年8月3日）

［6］《地方各级人民政府机构设置和编制管理条例》（2007年2月24日）

［7］《中华人民共和国立法法》（2015年3月15日）

［8］《全国人民代表大会常务委员会关于中华人民共和国建国以来制定的法律、法令效力问题的决议》（1979年11月29日）

［9］《全国人民代表大会常务委员会关于加强法律解释工作的决议》（1981年6月10日）

［10］《全国人民代表大会关于授权国务院在经济体制改革和对外开放方面可以制定暂行的规定或者条例的决定》（1985年4月10日）

［11］《行政法规制定程序条例》（2017年12月22日）

［12］《规章制定程序条例》（2017年12月22日）

［13］《法规规章备案条例》（2001年12月14日）

［14］《国务院办公厅关于行政法规解释权限和程序问题的通知》（1999年5月10日）

［15］《国务院办公厅关于进一步规范部门涉外规章和规范性文件制定工作的通知》（2006年11月29日）

［16］《国务院关于加强市县政府依法行政的决定》（2008年5月12日）

［17］《国务院关于印发全面推进依法行政实施纲要的通知》（2004年3月22日）

［18］《国务院办公厅关于贯彻落实全面推进依法行政实施纲要的实施意见》（2004年3月22日）

［19］《国务院办公厅关于推行行政执法责任制的若干意见》（2005年7月9日）

［20］《中华人民共和国政府信息公开条例》（2019年4月3日）

［21］《国务院办公厅关于施行〈中华人民共和国政府信息公开条例〉若干问题的意见》（2008年4月29日）

［22］《国务院办公厅关于加强政府网站信息内容建设的意见》（2014年11月17日）

［23］《机关事务管理条例》（2012年6月28日）

［24］《中华人民共和国刑法》（2017年11月4日）

［25］《中华人民共和国公务员法》（2018年12月29日）

［26］中共中央、国务院关于印发《〈中华人民共和国公务员法〉

实施方案的通知》（2006年4月9日）

［27］《公务员职务与职级并行规定》（2019年3月27日）

［28］《中华人民共和国各级人民代表大会常务委员会监督法》（2006年8月27日）

［29］《中华人民共和国监察法》（2018年3月20日）

［30］《中华人民共和国保守国家秘密法》（2010年4月29日）

［31］《中华人民共和国保守国家秘密法实施条例》（2014年1月17日）

［32］《行政机关公务员处分条例》（2007年4月22日）

［33］《违反行政事业性收费和罚没收入收支两条线管理规定行政处分暂行规定》（2000年2月12日）

［34］《党政领导干部选拔任用工作条例》（2019年3月3日）

［35］《干部教育培训工作条例》（2015年10月14日）

［36］《推进领导干部能上能下若干规定（试行）》（2015年7月19日）

［37］《中华人民共和国审计法》（2006年2月28日）

［38］《中华人民共和国审计法实施条例》（2010年2月11日）

［39］《财政违法行为处罚处分条例》（2011年1月8日）

［40］《党政主要领导干部和国有企业领导人员经济责任审计规定》（2010年10月12日）

［41］《党政主要领导干部和国有企业领导人员经济责任审计规定实施细则》（2014年7月27日）

［42］《中华人民共和国预算法》（2018年12月29日）

［43］《中华人民共和国预算法实施条例》（1995年11月22日）

［44］《中华人民共和国政府采购法》（2014年8月31日）

［45］《中华人民共和国政府采购法实施条例》（2015年1月30日）

［46］《中华人民共和国行政许可法》（2019年4月23日）

［47］《国务院关于贯彻实施〈中华人民共和国行政许可法〉的通知》（2003年9月28日）

［48］《最高人民法院关于审理行政许可案件若干问题的规定》（2009年12月14日）

［49］《中华人民共和国行政处罚法》（2017年9月1日）

［50］《国务院关于贯彻实施〈中华人民共和国行政处罚法〉的通知》（1996年4月15日）

［51］《国务院关于进一步推进相对集中行政处罚权工作的决定》（2002年8月22日）

［52］《罚款决定与罚款收缴分离实施办法》（1997年11月17日）

［53］《中华人民共和国中小企业促进法》（2017年9月1日）

［54］《中华人民共和国网络安全法》（2016年11月7日）

［55］《中华人民共和国治安管理处罚法》（2012年10月26日）

［56］《中华人民共和国突发事件应对法》（2007年8月30日）

［57］《中华人民共和国行政强制法》（2011年6月30日）

［58］《中华人民共和国道路交通安全法》（2011年4月22日）

［59］《中华人民共和国社会保险法》（2018年12月29日）

［60］《国有土地上房屋征收与补偿条例》（2011年1月21日）

［61］《中华人民共和国人民调解法》（2010年8月28日）

［62］《信访条例》（2005年1月10日）

［63］《事业单位登记管理暂行条例》（2004年6月27日）

[64]《社会团体登记管理条例》(2016年2月6日)

[65]《民办非企业单位登记管理暂行条例》(1998年10月25日)

[66]《中华人民共和国招标投标法》(2017年12月27日)

[67]《中华人民共和国招标投标法实施条例》(2019年3月2日)

[68]《中华人民共和国国家赔偿法》(2012年10月26日)

[69]《国家赔偿费用管理条例》(2011年1月17日)

[70]《最高人民法院关于适用〈中华人民共和国国家赔偿法〉若干问题的解释(一)》(2011年2月28日)

[71]《最高人民法院关于人民法院赔偿委员会审理国家赔偿案件适用精神损害赔偿若干问题的意见》(2014年7月29日)

[72]《中华人民共和国行政复议法》(2017年9月1日)

[73]《中华人民共和国行政复议法实施条例》(2007年5月29日)

[74]《国务院关于贯彻实施〈中华人民共和国行政复议法〉的通知》(1999年5月6日)

[75]《中华人民共和国行政诉讼法》(2017年6月27日)

[76]《最高人民法院关于行政诉讼证据若干问题的规定》(2002年7月24日)

[77]《最高人民法院关于审理政府信息公开行政案件若干问题的规定》(2011年7月29日)

[78]《中国共产党廉洁自律准则》(2015年10月18日)

[79]《中国共产党纪律处分条例》(2018年8月18日)

[80]《中国共产党党内监督条例》(2016年10月27日)

[81]《中国共产党巡视工作条例》(2017年7月1日)

［82］《中国共产党问责条例》（2016 年 7 月 8 日）

［83］《中国共产党纪律检查机关监督执纪工作规则》（2018 年 12 月 28 日）

［84］《国有企业领导人员廉洁从业若干规定》（2009 年 7 月 1 日）

［85］《关于实行党风廉政建设责任制的规定》（2010 年 11 月 10 日）